AEGYPTEN

Max Kruse

AEGYPTEN

DAS GESCHENK DES NILS
EINE REISE

Mit Zeichnungen von Shaofang Kruse

Hallwag Verlag Bern und Stuttgart

Umschlag vorne: Lastfeluke auf der Heimfahrt ins Dorf

Bei der Schreibweise der ägyptischen und der arabischen Wörter wurde jeweils die einfachste gewählt, auf diakritische Zeichen wurde bewußt verzichtet. «Sphinx» wurde — wie es in Ägypten üblich ist — in ihrer sinnvolleren, männlichen Form verwendet.

Umschlagbild und Illustrationen:
Shaofang Kruse
Buchgestaltung: Alfred Aenis

Gesamtherstellung:
Hallwag AG, Bern
ISBN 3 444 10309 3

INHALT

VORSPIEL

Vor der Abreise lese ich über Ägypten. Über Ägypten? Über das alte Ägypten! Denn wenn wir heute von «Ägypten» sprechen, denken wir an den neuen, großen Stausee, an ein chaotisch ausuferndes Kairo, an den Krieg und an den Frieden mit Israel, denken — dachten — an Sadat. Ägypten, ein Land in Arabien. Arabien, ein Pulverfaß.

Wenn wir über Ägypten lesen, lesen wir über das alte Ägypten. Ich habe sehr vage, sehr primitive Vorstellungen. Bilder tauchen in der Phantasie auf, Postkarten, Fotos aus Kunstbüchern. Ich bin durch Museen gewandert, früher — und vor gar nicht langer Zeit. Im Louvre ging ich an den ägyptischen Sammlungen vorüber. Ich suchte die Maler, die Mona Lisa. An Turin erinnere ich mich, an verstaubte, bemalte Särge, an Mumien. London? Ich weiß nichts mehr. Da waren Tore aus Babylon, glaube ich, da war Griechenland.

Aber überall stehen Obelisken. In Paris, in Rom, in London, in München. Ob echt, ob nachgemacht, es bleibt sich gleich. Es ist nicht wichtig, wo der Stein herkommt. Es ist wichtig, woher die Idee ist.

Ich war mit Shaofang — meiner Frau, die in China geboren ist, die musiziert, zeichnet und malt — in Ausstellungen. Wir waren bei Tutenchamun: ein beeindruckendes, glanzvolles Lichttheater stummer Steine, Reliefs und Skulpturen. Wir waren — noch stärker berührt — bei dem königlichen Rebellen und Sonnenanbeter Echnaton.

Aber ich will nicht von Ausstellungen erzählen. Ich will sagen: So wie uns geht es den meisten, die nach Ägypten reisen. Wir haben nur unscharfe Vorstellungen, undeutliche Begriffe. Aus dem Gebräu unserer Gedankenbilder tauchen mit Sicherheit zuerst die Pyramiden auf, dann Tempelreste, Säulen mit Papyrusblättern auf den Kapitellen, der Sphinx (oder sind es gar mehrere?), Grabkammern, Wandgemälde — und natürlich die Statuen von Abu Simbel, der Sonne zugewandte Kolosse. Gelb müssen sie sein oder rötlich — diese Kenntnisse verdanken wir der Farbfotografie, dem Farbfernsehen, denn dieser Tempel wurde ja vor den steigenden Fluten des neuen, großen Stausees gerettet. Wir haben alle daran teilgenommen, wie man heute an allem teilnimmt, im Sessel daheim, durch die Zeitung, durch Illustrierte, vor der ge-

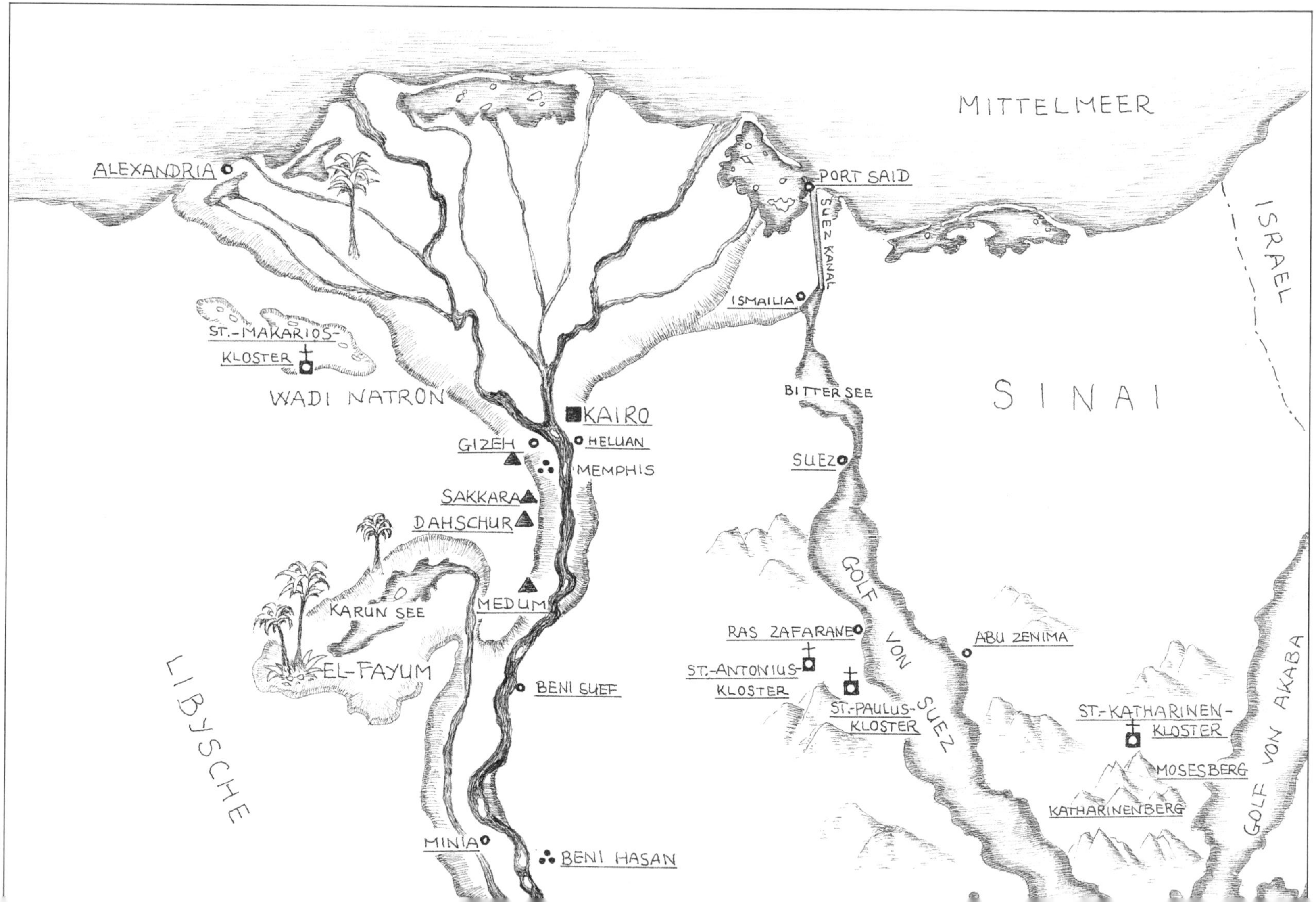

MITTELMEER
ALEXANDRIA
PORT SAID
SUEZ KANAL
ISRAEL
ISMAILIA
ST.-MAKARIOS-
KLOSTER
WADI NATRON
BITTER SEE
SINAI
KAIRO
GIZEH
HELUAN
MEMPHIS
SUEZ
SAKKARA
DAHSCHUR
GOLF VON SUEZ
MEDUM
KARUN SEE
RAS ZAFARANE
ABU ZENIMA
ST.-ANTONIUS-
KLOSTER
ST.-PAULUS-
KLOSTER
EL-FAYUM
LIBYSCHE
BENI SUEF
ST.-KATHARINEN-
KLOSTER
MOSESBERG
KATHARINENBERG
GOLF VON AKABA
MINIA
BENI HASAN

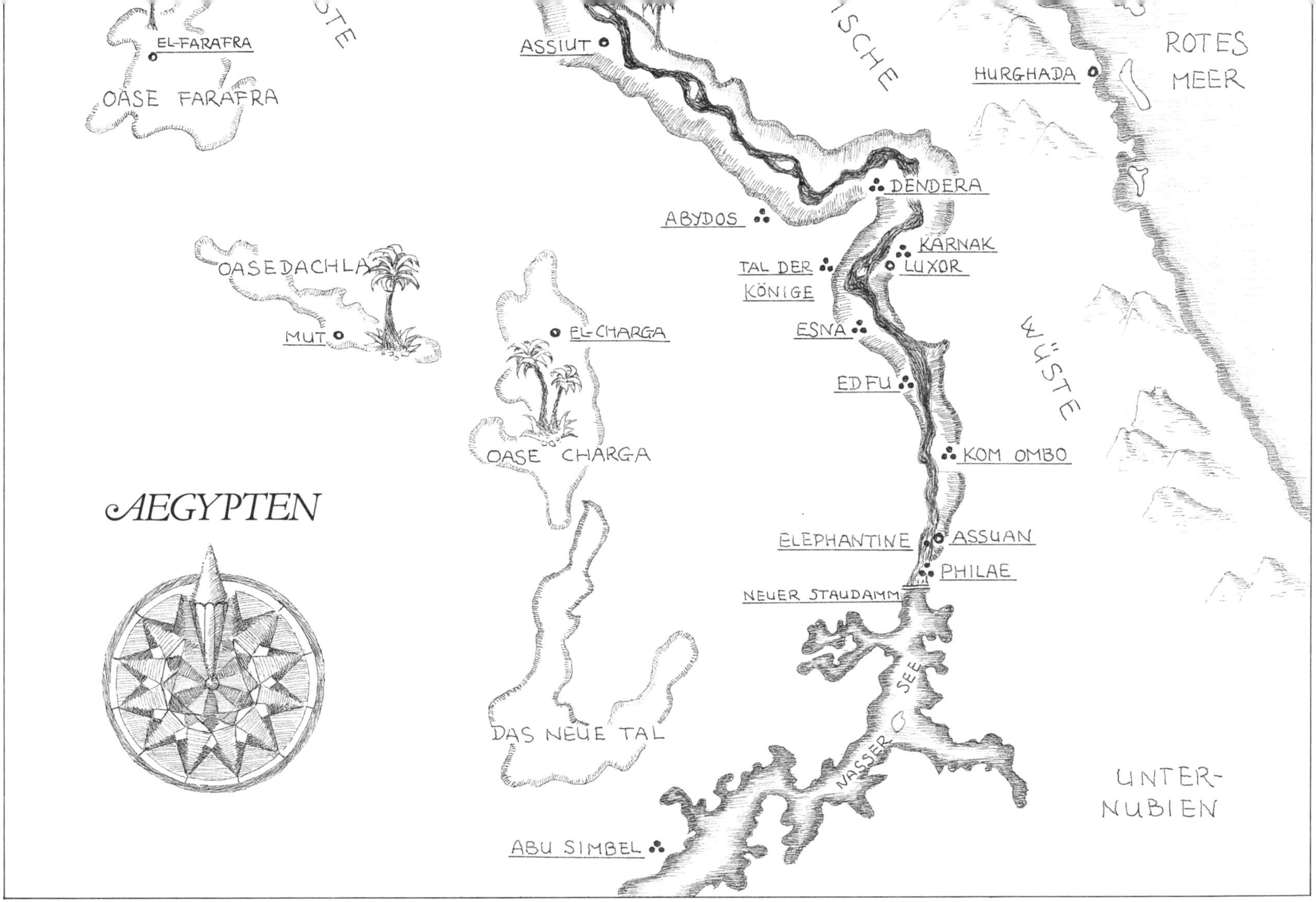
ROTES MEER
HURGHADA
ASSIUT
EL-FARAFRA
OASE FARAFRA
DENDERA
ABYDOS
KARNAK
LUXOR
TAL DER KÖNIGE
OASEDACHLA
MUT
EL-CHARGA
OASE CHARGA
ESNA
WÜSTE
EDFU
KOM OMBO
AEGYPTEN
ELEPHANTINE
ASSUAN
PHILAE
NEUER STAUDAMM
NASSER SEE
DAS NEUE TAL
UNTER-NUBIEN
ABU SIMBEL

wölbten Glasscheibe unseres geschwätzigsten und banalsten Zimmergenossen.
Ich fragte mich, was uns diese Reise bedeuten würde. Könnte sie zu einem Erlebnis werden? Würde sie nicht nur flüchtige Bilder, sondern tiefere Spuren hinterlassen, geistige? Könnte ich gar davon berichten, schreiben, subjektiv, spontan, auch ohne Ägyptologe oder Kunsthistoriker zu sein — ja, vielleicht gerade deshalb, nämlich mit der Frische des Staunens?
Ich kaufte neue Bücher. Ich suchte die alten heraus, die schon seit Jahrzehnten in meinen Regalen stehen und verstauben.
Dann der Schock: Sadat wurde ermordet. Die Lunte lag am Pulverfaß. Würde es explodieren? Konnten wir fahren?
Das Land blieb ruhig. Wir faßten uns ein Herz.
Der Tag des Abfluges von München läßt eine glutrote Sonne am blaßblauen Himmel aufsteigen. Der Boden ist gefroren. Reif liegt auf den Gräsern. Die Vögel lärmen, Schwärme wirbeln kreisend empor.
Unsere Maschine startet am frühen Nachmittag.

DER FLUG

Auf dem Rumpf der Boeing 737, beim Cockpit: Horus, der Götterfalke. Noch denke ich mir nichts dabei. Ein Firmenzeichen, weiter nichts.
Beim Rückflug sehe ich ihn mit anderen Augen. Vier Wochen liegen dazwischen. Vier Wochen? Ein ungeordnetes, ungebändigtes Chaos von Bildern, von Eindrücken, seelischen Bewegungen, Gedankenfetzen, Reichtum, Armut, Erschütterung: Unverarbeitetes, nie zu Bewältigendes. Vier Wochen durch fünftausend Jahre. Vier Wochen durch stillgestandene Zeit, vier Wochen der Versuch (wie vergeblich), die ersten Menschen zu erkennen, die — so nahe der geschichtslosen Urzeit — ihre Gedanken dem Licht öffneten und das schufen, was wir Kunst nennen, Kult, Religiosität, Schönheit, Ästhetik, Klarheit der Gedanken, Ordnungen, die Schrift und die ersten Bauten aus Stein.
Der Horusfalke: immer sieht er ein wenig mürrisch aus, mißgelaunt.
Die Kabine ist wie das heutige Ägypten, auf eine fast rührende Weise ungepflegt. Es riecht nach Armut. Wie könnte sich auch das Land der Fellachen eine Fluglinie leisten, wären da nicht: der Suezkanal, die Touristen, die Baumwolle — die Hilfe des Auslands. Die Stewardessen tragen billige Kittelchen mit aufgedruckten Mustern. Man braucht nicht erst hinzusehen, um zu wissen, daß es nur Götterfiguren sein können, Isis und Osiris; Hathor, die göttliche Kuh; Anubis, der schakalköpfige Herrscher im Totenreich. Alles so billig, wer weiß wo gedruckt, wer weiß wo gefertigt.
Blaugrün liegt Bayern unter uns, schon leuchtet der erste Schnee auf den Bergspitzen. Winzige Dorfkirchen mit Zwiebeltürmen: Illusion von Heimat. Das von Menschen kultivierte Land setzt sich fort, geht über vom Grün zum Braun; Wiesen, Felder, Wälder, Dörfer und Städtchen ohne Unterbrechung, durchzogen von Wegen, Straßen.
Auch das ist etwas, was ich nicht sehe, weil es das Gewohnte ist. Man muß aus Ägypten heimkommen, um zu wissen, was ein Fluß mit seinem schmalen Uferstreifen ist, was er bewirkt, wie er Leben und Fruchtbarkeit schafft, inmitten der glühenden, schweigenden, der tödlichen Gleichgültigkeit der Wüste. So ist überhaupt unser Leben, denke ich, ein hauchdünner, irgendwo beginnender, ir-

gendwo ins Meer der Unendlichkeit mündender Faden in der Unbegreiflichkeit von Raum und Zeit, in der lebensfeindlichen Wüstenei des Universums.
Die Sonne senkt sich nach Westen.
Viele der Mitreisenden blättern in Ägyptenbüchern, wollen rasch, so wie wir, noch etwas verstehen, begreifen, damit man nicht ganz so blind ankommt, ganz so unwissend: «Ägypten verstehen.» Ein Sonderdruck aus einer Zeitschrift. Das Allernötigste. Auch Shaofang holt ein Buch aus dem Boardcase, fragt ahnungsvoll: «Da haben wir nun so Vorstellungen vom alten Ägypten, aber das heutige?»
Ich habe die Empfindung einer unaufhaltsam näher kommenden Zukunft, jede dieser Sekunden, so flüchtig sie auch ist, so rasch vergangen, ist notwendig. Keine kann übersprungen werden. Keine wurde auch jemals übersprungen, von damals bis heute: eine ununterbrochene Kette verflossener Zeit. Wohin verflossen? In die Ewigkeit, aber was ist das, die Ewigkeit, wenn sie nicht die Zeit selbst ist, sondern jenes Unnennbare, in dem sich Zeit ereignet?
Rasch verwandelt sich über derartigen Gedanken das Licht. Auf dem westlichen Horizont liegt ein breites Wolkenband in der Farbe einer Blutorange, die Erde darunter wird tiefschwarz, der Himmel darüber verläuft von einem Gelb, wie William Turner es gemalt haben könnte, in ein helles, schnell dunkler werdendes Blau.
Shaofang zieht die Füße auf den Sitz, liest «Aus dem Totenreich». Vor der Abreise waren wir etwas nervös. Jetzt kommt Ruhe über uns.
Es wird warm in der Maschine. Die Crew, Stewards und Stewardessen, werden fast familiär. Sie herzen und schaukeln ein mitreisendes Baby. Der Bordoffizier schenkt Shaofang eine Banane. Er nimmt den Sessel neben ihr, unterhält sich: Er hat, erklärt er, auch eine chinesische Frau und zwei Kinder. Er möchte wissen, weshalb wir nach Ägypten reisen. Er meint — längst hat er sich die Jacke ausgezogen und sitzt da im weißen Hemd —, wir würden bestimmt enttäuscht sein. Auch kann er nicht verstehen, daß wir in den Sinai und in die westlichen Oasen fahren wollen. Warum? Was suchen wir da? Dreck, Armut, keine Kultur

(doch er verwechselt, wie die meisten modernen Menschen, Kultur mit Zivilisation). Er gibt Shaofang gute Ratschläge, fragt nach unserem Hotel in Kairo, sagt uns, wieviel wir höchstens für das Taxi bezahlen dürfen. Aber er hat unser bei den Pyramiden liegendes Hotel ganz gewiß mit einem anderen in der Nähe des Flughafens verwechselt. Wir werden viel Ärger haben deswegen, und der Taxifahrer trägt den Verlust.
Der Bordoffizier ist Kopte, also Christ, und er hat Schwierigkeiten wegen seiner Religion. Die Moslems sind sehr fanatisch. Aber was soll er machen? Er kann nicht weg. Es ist sein Land! Sein Land ist sein Schicksal.
Dieser Fanatismus: die Tragödie des Menschen! Es gibt keine Beweise für Gott, aber jeder Glaube zieht seinen Beweis aus sich selbst. Der Glaube oder die Einbildung ist die Offenbarung: Weil wir Gott denken können, ist er. Dabei ist es die Phantasie, die Gott schafft. Aber warum schafft Phantasie auch den Fanatismus? So wird Phantasie zum Mörder — aus Mangel an Vernunft.
Durch den Lautsprecher die undeutliche Durchsage, daß in Kairo die Temperatur siebenundzwanzig Grad Celsius beträgt. Wir werden pünktlich ankommen.
Wir fliegen in die Nacht.
Wir sehen die Lichter der Stadt. Erste Freude: das Band des dunklen Stromes. Der Nil. Wir glauben, drei angestrahlte Kegel zu erkennen, die Pyramiden, doch sind wir nicht ganz sicher.

ANKUNFT Schon beim ersten Schritt aus der Maschine spüren wir: Die Luft ist voller Zauber, warm, keine Schwüle. Es ist wie ein Umfangenwerden von Schmeichelei, von Liebenswürdigkeit. Jemand ist da und berührt uns mit weichen Händen.
Aber in Kairo herrscht Ausnahmezustand. Vor dem Eingang zum Flughafengebäude steht ein Soldat mit aufgepflanztem Bajonett hinter einem Wall aus Sandsäcken. Er reckt die blitzende, martialische Klinge auf seinem Gewehr stolz empor: Seht her, was für ein Kerl ich bin. Dabei ist er ein Bub im dunklen, zerlumpten Hirtenmantel, er könnte hier auch seine Herde hüten.
Er wirkt in all seiner gefährlichen Aufmachung, sogar mit dem deckelähnlichen Stahlhelm auf dem kurzgeschorenen Haar, rührend, verloren. Diese Verkleidung paßt so gar nicht zu ihm. Ich möchte nicht wissen, was er machen würde, wenn hier wirklich eine Schießerei beginnen sollte.
Shaofang flüstert mir während der Zollkontrolle zu: «Man schämt sich, so gut angezogen herzukommen.»
Wir sind die einzigen Reisenden unserer Gruppe in dieser Maschine. Die anderen kommen aus Frankfurt, zwei Stunden später. Die Gruppe, dieses ominöse Wort, das in uns noch Abwehr erzeugt, wird uns von jetzt an täglich begleiten. Die Gruppe ist das fast unausweichliche Schicksal der meisten Ägyptenreisenden. «Group or no group?» ist die stereotype Frage der Hotelportiers. Die Gruppe schirmt ab, sie schützt, aber sie isoliert auch, sie schließt ab vom Land und von der Bevölkerung. Sie räumt alle Schwierigkeiten — fast alle! — aus dem Weg, sie öffnet alle Türen, aber nur jene, die geöffnet werden sollen. Sie spart Zeit, vermeidet Umwege, macht alles leicht, mühelos — aber mit ihr wird die Reise zwangsläufig zu einem fertig geschnittenen Film: Großaufnahme, Totale, Fahrt — alles genau geplant, minuziös — Traumstraßen, Wunder. Keine Längen, keine Pausen, nichts Unnötiges. Die Gegenwart wird ausgeklammert: die Menschen, die Probleme, das Leben. Freilich ist dies nicht die Schuld der Reiseveranstalter, sondern des ihnen auferlegten Zwanges, möglichst viel zu günstigem Preis zu bieten.
Und es ist schwer, Ägypten allein zu bereisen. Fast jeder Kenner rät davon ab, und die seriösen Autoren tun es, bei allen Vorbehal-

ten gegen organisierte Gruppenreisen, genauso. Wir reisen also mit einer Gruppe. Doch wir kommen zunächst allein an, denn wir sind auf eigenen Wunsch von München nach Kairo geflogen. Es ist verabredet, daß wir mit dem Taxi ins Hotel fahren, Jolly Ville, es liegt bei den Pyramiden.
Taxis warten vor dem Flughafen. Männer in weißen, langen Gewändern liegen auf Mauerbrüstungen, andere huschen herum. Eine andere Welt.
Der Bordoffizier hat uns informiert, was wir für die Fahrt bezahlen dürfen. Sein Wort ist uns Gesetz. Wir wollen nicht übervorteilt werden. Doch die Chauffeure schlagen uns alle die Türen vor der Nase zu. Wir denken, das gehört zum Ritual. Wir sind müde, auch hungrig. Die Verständigung geschieht mit Händen und Füßen und weit ausholenden Gebärden, in arabisch gefärbtem Englisch. Koffer rein — in den Kofferraum, Preis genannt: «No!» Koffer wieder raus. Stur. Endgültig.
Wir wundern uns. Keiner hat Interesse, uns zu fahren. Der Preis, den man von uns verlangt, erscheint astronomisch, maßlos! Endlich kommt ein Fremdenpolizist. Er entscheidet: ein kümmerlicher Taxifahrer soll sich unser erbarmen — in des Allmächtigen Namen. Seine Nummer wird in ein Buch notiert. Er stopft unser neues Gepäck schimpfend in seinen winzigen Kofferraum, preßt den Deckel darauf, mit aller Gewalt. Er fährt uns, fährt eine Ewigkeit, redet ununterbrochen mit sich selbst, und während er Selbstgespräche führt, beleidigte, wütende, hebt er dauernd die rechte Hand gegen die Schläfe, wie salutierend.
So die ganze Fahrt, durch den dichtesten Verkehr, durch die ganze Stadt, Kilometer um Kilometer. Schimpfend, salutierend.
Er muß im tiefsten Herzen empört sein. Empörung und Gehorsam reißen ihn fast auseinander.
Er fährt uns im Eiltempo über breite, über verstopfte Straßen, vorbei an den kleinen, hell erleuchteten Läden, Cafés und Gaststätten. Überall stehen die Männer in den langen, meist weißen Galabejas an Straßenecken, auf den Bürgersteigen, dann eine Frau, schwarz in Schwarz — alles fliegt davon, Geschäfte, vor denen Fahrräder hängen, eine Szene nach der anderen, Obststände, Restaurants, Stühle im Freien, Dramatik, Geschrei, Gestik, Gespräche, als ob man in einem imaginären Traumfahrzeug durch

tausend kleine Theater einer Stadt führe, immer rasch an den offenen Bühnen vorbei. Endlich erscheint links vor uns der dezent angestrahlte Koloß der Cheopspyramide, wie wenn sie von innen heraus leuchtete: geisterhaft. Ihr Dreieck steht blaßrot vor der schwarzen Nacht — uns weht etwas an, etwas Unerklärbares, als stünden da fünftausend zu Stein gewordene Jahre. Sie ist so gewaltig, so kosmisch-klar in ihrer Proportion, sie ist so unverrückbar, ihr lastendes Schweigen ist so beredt, wie der schweigende Himmel beredt ist, weil er uns stumm macht.

Doch heute ist es nur eine Vision.

Vor unserem Hotel — Blütenstauden im Luxuslicht — kracht unser Fahrer zu all seinem Unglück auch noch rückwärts einem anderen Wagen in den Kühler. Blechschaden, Geschrei, Gestikulationen, aber das gehört offenbar zum Alltag. Als wir ihn bezahlen wollen und — nun kleinlaut geworden — fragen, was er verlange, sagt er, am Ende seiner Kraft und nun seinerseits generös: «As you like!»

Aber Verachtung liegt auch in seinen Worten.

Wir geben ihm ein reichliches Trinkgeld. Jetzt freut er sich. Und lächelt. Und salutiert.

Das Hotel ist gepflegt, die Halle voller Touristen aus aller Welt, ein Gewirr von Sprachen — Souvenirshop und weiche Sessel, angenehme Temperatur, gedämpftes Licht, braune Farbtöne. Wir müssen ein wenig warten, denn wir sind ja nicht mit unserer Gruppe angekommen. Das verursacht zunächst Erstaunen, Verwunderung, ist ungewohnt. Es gibt ein Palaver an der Rezeption; wir versuchen über Telefon und Durchsage im Flughafen Frau Inge El Abd zu erreichen, unsere Reiseleiterin von Ikarus-Tours, zunächst vergeblich.

Nach einigem Hin und Her beziehen wir dann doch unser Zimmer und leisten uns im Gartenrestaurant bei aufmerksamer, lautloser Bedienung unser erstes ägyptisches Abendessen.

Es wird spät, wir sind müde und gehen zu Bett, doch kaum haben wir uns niedergelegt, klingelt das Telefon. «Frau Inge» begrüßt uns heiter: «Schön, daß Sie gut angekommen sind!» Sie erwartet uns in der Halle, eine gepflegte blonde Frau, die jeden sofort in ihr Herz schließt. Sie ist Deutsche, aber mit einem Ägypter verheiratet und lebt seit Jahrzehnten in Kairo. Sie gilt als eine der be-

sten Reiseleiterinnen. Ihr Optimismus und ihre gute Laune übertragen sich sofort auf uns. «Die Gruppe ist sehr nett!» verkündet sie, und sie wird alles regeln: das Zimmer natürlich, unsere Flugtickets für Innerägypten und für den Heimflug nach München, den Geldwechsel — alles. Von diesem Moment an sind wir ihre Geschöpfe. Sie wird uns nicht aus den Augen lassen die nächsten Tage.
«Schlafen Sie gut: um sieben Uhr werden Sie geweckt, um acht Uhr fahren wir ab nach Memphis.»
Am nächsten Tag, von unserem Bungalowzimmer aus, das in einem blühenden Garten liegt, sehen wir die Kegel der Pyramiden, blaßgrau vor dem blaßblauen Morgenhimmel über dem Grün der Büsche und dem Knallrot der Blumenkelche. Ich stehe und schaue, und es ist, als ob das, was wir gewohnt sind, «Seele» zu nennen, Witterung aufnähme von einem Unausmeßbaren, von einer Dimension, die ich nie werde benennen können, weil sie alles ist, die Vergangenheit, die Gegenwart und die Zukunft, oder auch nichts davon, nämlich einfach die Dauer, das Sein.

DIE GRUPPE

Der große, grüne Bus wartet vor dem Hotel. So wird es jetzt jeden Morgen sein. Unser Fahrer stammt aus Kairo, er ist ein Muster von Höflichkeit, Zuverlässigkeit und Geduld.
Hier, beim Einsteigen, sehen wir zum erstenmal unsere Gruppe, unsere Mitreisenden, aber es ist eigentlich kein Sehen, man geht mit flüchtigem Lächeln und kurzem Kopfnicken aneinander vorbei, schaut auch nachher meist nur auf Rücken und Hinterköpfe.
Alle haben die gleiche Tendenz zum Für-sich-Sein. Bekanntschaften, Sympathien stellen sich erst später und fast zufällig ein. Unsere Reise setzt sich aus drei verschiedenen Touren zusammen, die jeder wählen konnte: «Das klassische Ägypten», «Der Sinai», «Die westlichen Oasen».
Wir haben alle drei Touren gebucht.
Unter uns gibt es mehrere Professoren und Ärzte; einen liebenswürdigen alten Zahnarzt aus der Schweiz mit seiner emsigen Gattin und seiner stillen Schwiegertochter; eine Krankenschwester; Angestellte; einen «Bergrat» aus Bayern mit seiner Frau; die Geschäftsführerin eines Verbandes, die sich vor Bronchitis schützen muß und daher stets einen Mantel trägt und einen Schal vor das Gesicht zieht; Ehepaare und wohl auch locker Verbundene.
Es sind angenehme Menschen mit Eigenarten. Sie fahren mit uns, und wir fahren mit ihnen. Aber sie sind nur Begleiter der gleichen Reise, nicht ihretwegen wurde sie unternommen. Sie sind daher auch nicht das Thema dieses Berichtes. Jetzt, nachdem wir uns zusammengefunden haben, sind wir alle fest im Programm. Das Programm bestimmt Frau Inge.
Zur Einführung, wie sie sagt, führt sie uns zunächst nach Memphis und Sakkara. Ein- und aussteigen, besichtigen, herumwandern, schauen, fotografieren, schreiben: alles wiederholt sich Tag für Tag. Man vergißt es.
Was bleibt, sind die Bilder, sind die großen Eindrücke und — nicht weniger farbig — manchmal auch die kleinen.

VON GIZEH NACH SAKKARA

Memphis, die Hauptstadt des Alten Reiches, liegt knapp dreißig Kilometer südlich von Kairo. Mit dem Alten Reich tritt die ägyptische Geschichte aus dem Dunkel der Vorzeit.

Von Gizeh führt die Straße an einem schmalen Kanal entlang. Sofort sind wir mitten im bäuerlichen Ägypten: braune Dörfer aus Lehmziegeln, fruchtbare Felder, Kinder in Kittelkleidchen, die uns zuwinken, Ziegen — Leben im Urzustand. Feuerbäume: Flamboyant, mit roten Blüten, Opuntien, ein Dorf der Teppichweber und überstäubte, wie mit Mehl bepuderte Palmen — samtige Wedel. Auf den Feldern zwei der allereinfachsten, ältesten Bewässerungsanlagen, denen Ägypten seit Jahrtausenden — auch — seine Fruchtbarkeit verdankt: die Drehspindel oder Wasserschnecke und der Schaduf, ein Eimer am Hebelarm.

Ab, auf, aus — so ist sein Rhythmus vom Morgen bis zur Dämmerung.

Rudel von Hunden, aus deren Fell Schwärme von Fliegen aufsteigen, Katzen, dunkelbraune Esel.

Und am Kanal steht ein Mädchen, knapp über zehn Jahre alt, oder schon vierzehn? Wie soll ich sie schätzen, diese südlichen Kinder? Sie ist wie von Gott in einer glücklichen Stunde geschaffen, ihr Gesicht ist schlank, edel, dunkel von Farbe, doch dunkler noch sind ihre Augen unter den langen Wimpern. So könnte Rahel gewesen sein, als Jakob sie begehrte und sieben mal sieben Jahre um sie warb. Und das «Hohelied» kommt einem in den Sinn, jener unvergleichliche Hymnus (ist Sprache je schöner, reicher gewesen?):

«Siehe, meine Freundin, du bist schön, siehe, schön bist du. Deine Augen sind wie Taubenaugen zwischen deinen Zöpfen. Dein Haar ist wie die Ziegenherden auf dem Berg Gilead. Deine Lippen sind wie eine rosinfarbene Schnur, deine Wangen sind wie der Ritz am Granatapfel. Deine zwei Brüste sind wie zwei junge Rehzwillinge, die unter den Rosen weiden.» Die biblische Zeit scheint hier noch sehr nah. Das Mädchen, doch ein Kind noch, greift nach seinem geflochtenen Haar, neigt den Kopf, lächelt.

Dorf mit Lehmhäusern

MEMPHIS Vor dem Eingang des bescheidenen archäologischen Bezirks liegen zwei schakalartige Hunde, sehr schlank, sehr rassig, die Nasen witternd erhoben, die Ohren spitz — aber es sind keine Hunde, es sind Darstellungen von Anubis, dem schakalköpfigen Gott, der den Verstorbenen am Eingang zum Totenreich erwartet.

Auch uns tritt er hier als erster entgegen, und es ist wie ein Symbol, denn die ganze Fahrt durch die Stätten, durch die Reste der altägyptischen Kultur ist ja wie eine Fahrt durch ein Totenreich. Es ist dies ein ganz merkwürdiger und eigentlich nie zu bewältigender Gegensatz, denn das Land ist ja das Leben selbst, die Natur um den Nil herum und überall, wo es Wasser gibt, explodiert vor Üppigkeit, und auch die Tempel, die Ruinen, die Säulen, die Pyramiden überwältigen uns durch ihre Kraft und Wucht. Und dennoch, der Tod ist überall, denn ohne die Vorsorge des Ägypters für sein Leben nach dem Tode wüßten wir sehr viel weniger von ihm.

Memphis wurde etwa 3000 v. Chr. als Festung gegründet, dort, «wo sich die Länder des Nordens und des Südens im Gleichgewicht halten». Gründer der Stadt soll der Pharao Menes gewesen sein. Er einigte Ober- und Unterägypten, und alle seine Nachfolger setzten sich seither die Doppelkrone des Nordens und des Südens aufs Haupt. Sind sie nicht Götter, so sind sie doch zumindest deren Antlitz auf Erden. Große Magier, uneingeschränkte Herrscher — für ihre Untertanen alles: die Gesundheit, das Leben, die Stärke.

Von der großen Stadt, der «Waage der beiden Länder», ist nichts übriggeblieben, nicht die Burg, nicht der Hafen, keine Bootswerften, keine Werkstätten der Künstler und Handwerker, keine Tempel.

Und doch ist es eine der schönsten und blühendsten Städte gewesen, dreitausend Jahre vor unserer Zeitrechnung und bis zu den Tagen Alexanders des Großen, bis zur Eroberung durch die Araber, wimmelnd von Menschen, ihren Namen ableitend von Mennofer — «es bleibt die Schönheit». Wir können uns die Stadt denken als ein Labyrinth der verwinkelten Gassen, der Lehmhäuser, der prächtigen Villen und Residenzen inmitten gepflegter Gärten, der Tempel und heiligen Seen, der Ställe und Schatzhäuser.

In ihrer größten Zeit hatten hier Juden, Griechen und Phönizier ihre eigenen Stadtteile; Memphis war Mittelpunkt des religiösen Lebens, Schauplatz prächtiger und fröhlicher Prozessionen: Tempelfeste, Aufmärsche — ein Ort des Handels, ein Ziel von Kamelkarawanen, die den Reichtum des Südens brachten, erfüllt von Lärm und Geschrei, von Waffengeklirr, Musik und dem Blöken der Rinder.
Jetzt steht hier nur noch ein moderner, sehr nüchterner Bau, eine Halle, in der ein riesiger Ramses (der Zweite) auf dem Rücken liegt und hochmütig lächelt. Er ist aus dunklem Kalkstein und schaut unentwegt in die Höhe, an uns vorbei, die wir ihn auf einem erhöhten Umgang umkreisen und unsere Objektive auf ihn richten. Der Zeremonienbart sitzt unter den weit geblähten Nasenflügeln, die schon eher Nüstern sind, seine Nase allein mißt fünfzig Zentimeter, er ist mit seinen dreizehn Meter Länge so kolossal, wie er sich selbst empfand, und so kolossal, wie er immer und überall baute, zeit seines langen Königtums. Das einzig Zarte an ihm, soweit in dieser Monumentalität überhaupt etwas zart sein kann, ist sein feinplissierter Rock, im übrigen ballt er die Fäuste, wie alle Pharaonen die Fäuste ballen, in denen sie die königlichen Insignien, Geißel und Hirtenstab, halten.
Draußen, in der sengenden Sonne und umgeben von Bäumen, die, wenn der Wüstenwind herüberweht, mit ihren Blättern ein vertrauliches Flüstern beginnen, liegt ein kostbarer Sphinx aus Alabaster, sehr edel, sehr glatt, sein unergründliches Lächeln ist noch unzerstört, vielleicht von tausendjährigem Wind, von tausendjähriger Sonne noch feiner, noch unergründlicher geworden, durch die Zeit abgeschliffen und sanft. Der berühmte, der große Sphinx zu Füßen der Pyramiden von Gizeh ist dagegen aus weichem Gestein, und die Jahrtausende haben ihn zerstört (und in den Jahrtausenden am nachhaltigsten die Giftluft unserer Zeit).

WÜSTENBLICK

Irgendwo verlassen wir das grüne Land, durchqueren eine Talsenke, in der sich ein Palmenhain ausbreitet, steigen empor und blicken zurück auf die mattgelb überpuderten, sich reich entfaltenden Wedel, auf ein Bild der Fruchtbarkeit, auch eines des Behagens und des Glücks. Und vor uns liegt die Wüste. Es ist wie ein Anprall, ein Schock, aber nicht eigentlich ein Schrecken, eher eine große, herzbeklemmende Verwunderung — diese unendliche, im Dunst der Ferne verschwimmende Öde: Steine, Sand und Geröll, Wellen und Hügel, darüber die flirrende Hitze. Durch die aufsteigende Glut erkennt man fern im Süden drei der Pyramiden von Dahschur wie schwer lastende Kegel auf dem sengenden, hungernden Grund, zernagt von jener unbezifferbaren Zahl der Tage, die sie schon dort stehen und der Vergänglichkeit trotzen.
Kaum auszumachen, fast wie eine Fata Morgana, zieht eine Karawane über die sandigen Hügel nach Westen, nach der Sahara. Der schwere, gleichmäßige Schritt der wiegenden Dromedare mit dem ausgestreckten Kopf auf dem schwingenden Hals erzeugt eine große Ruhe. Sie wandern so gelassen in die Weite des Lichts, als schwebten sie durch die Ewigkeit und zögen nicht heute, nicht zu dieser Stunde, durch die Wüste. Alles ist vom Sand überweht, sogar der Stift schabt auf dem Papier.

Bei den Pyramiden von Dahschur

DIE MASTABA DES MERERUKA

Sakkara ist die Totenstadt, das Totenfeld von Memphis, und wie alle Totenstätten Ägyptens im Westen gelegen, zur untergehenden Sonne hin. Es ist ein unübersehbares Gebiet von Mastabas, reckteckigen Gräbern mit einem Überbau, und Pyramiden, von denen noch fünfzehn gut zu erkennen sind. Generationen von Pharaonen sind hier begraben, dazu ihr Hofstaat, Beamte, Würdenträger und Bürger — aber auch heilige Stiere, Kühe, Paviane, Ibisse.

Oberirdisch ist die Mastaba des Mereruka zerfallen, eingeebnet wie die Pyramide des Königs Teti, dessen Großwesir Mereruka war und in dessen Nähe er sein ewiges Haus bauen ließ.

Der Eingang ist unscheinbar, eine Türöffnung aus Stein mitten im Sand, nur der Wärter davor zeigt an, daß hier nicht nur eine Höhle ist, sondern ein kunstreich ausgestattetes Totenhaus mit einunddreißig Räumen. Rings um den Grabschacht, der achtundzwanzig Meter steil hinab in die Tiefe stürzt, hat Mereruka Szenen aus seinem Leben, von seinem Landgut, von seinen Dienern, von seiner Familie in die Wände ritzen lassen — alles wollte er mitnehmen ins andere Reich, und nun steigt aus der Dämmerung der Kammern das Bild seiner Zeit auf, einer Zeit der vollkommenen Übereinstimmung mit der Natur, die uns paradiesisch erscheint. War nicht das alte Ägypten in Wirklichkeit das Paradies, nämlich der eigentliche Garten Eden? So wie die Ägypter ihre Gräber ausstatteten, gaben sie zu erkennen, daß sie nichts von dem im Totenreich vermissen wollten, was sie auf Erden besaßen. Sie erzählen uns, daß sie ihr Leben liebten. Gewiß, der Ägypter lebte im Gedanken an den Tod. Er bereitete sich darauf vor. Aber seine Einstellung zum Tode führte eben nicht zu einer Verneinung des Irdischen. So schön war das Dasein, waren die Jagd, der Fischfang, schön war die Fruchtbarkeit des Landes, der Lotus, die Papyrusstauden, schön waren die Töchter und Söhne, schön war alles, was er besaß. Auf nichts wollte er drüben verzichten. Mit allen Fasern seines Herzens hing er am Leben. Der Gedanke an eine Auflösung, an das Nirwana, lag ihm fern.

Das macht seinen Totenkult neben allem Düsteren so kunstreich, beinahe heiter. Düster waren nur die Gefährdungen der zwölfstündigen Nacht, in der er, nach seinem Sterben, das Totenreich zu durchlaufen hatte, empfangen von Anubis, dem schakalköpfigen Gott — die Schakale sind die Bewohner der Wüste —, verdammt oder begnadigt von Thoth, zum seligen Leben geführt von Osiris.

Hier sehen wir: Der Tod war das erste, unheimlich-große Erschrecken des zum Denken erwachten Menschen. Gibt es überhaupt einen größeren Gedankenanreger als ihn, den finsteren Bruder? Was wären die Religionen, was die Philosophen ohne ihn? Er ist der wahre Vater unseres Verstandes, er führt auch die Weisheit in seinem Gefolge. Nur manchmal tritt er vor sie und verdeckt sie mit seiner Düsternis. Aber sie ist immer da als seine Gefährtin.

Haben sich die Ägypter nicht doch ein ewiges Leben gesichert? Freilich, ewig nur in bezug auf die Menschheitsgeschichte, kein individuelles, kein persönliches Weiterleben, aber indem sie es für die Nacht aufzeichneten, haben sie uns ein deutlicheres Bild ihres Daseins überliefert als jedes andere Volk der Erde. In den Gräbern blieb es uns erhalten.

Es ist ein figurenreicher, ein höchst poetischer Mythos von Vergehen und Auferstehen, den sich der Ägypter schuf. Die Götter waren ihm vertraut, nicht feindlich, sondern hilfreich auf dem Weg ins Jenseits.

Dieser «Totenkult» ist eben zugleich sein Gegenteil — er ist ein Kult der Hoffnung, das Leben wiederzugewinnen.

Möchten wir unsere Fabriken und Städte, unsere Dreizimmerwohnungen und Geräte unbedingt ins Jenseits mitnehmen? Nein, wir denken uns dort oben, im luftblauen Raum, all dieser Dinge ledig — vom Irdischen befreit.

Die Kunst im alten Ägypten war immer eine Arbeit für die Ewigkeit, auch dadurch ist sie so sehr von der unseren getrennt. Keine ihrer Statuen, Reliefs, Zeichnungen, keines ihrer Gemälde war für menschliche Augen bestimmt, nicht zum Schmuck, nicht zur Freude, nicht zur Repräsentation. Alles diente den Toten, war magische Beschwörung, war Wohnung für die Geister. All unsere künstlerische Arbeit ist dagegen bestenfalls für die Lebenden, zu ihrer Freude, Anregung — oder, wenn es nach dem Willen unserer zornigen jungen Männer ginge, dann sollte sie das Bestehende

in Frage stellen, zerschlagen und zur Veränderung gesellschaftlicher Verhältnisse führen.
Das Paradies: Hier wird uns demonstriert, was der Mensch sein könnte, müßte er nicht ums Dasein kämpfen, denn die ägyptische Kultur ist ja eine Frucht des Stromlandes. Es gab keinen Hunger. Es gab keinen Frost, nie graue Regentage, nur Sonne, Sonne. Unablässig und mehrmals im Jahr schenkte die Natur reichen Segen. So hatte der Mensch Muße für künstlerische Bedürfnisse, für Gedanken, für Phantasie.
Und ringsum die Wüste. Zeigte sie ihm mit ihrer tödlichen Dürre nicht, daß er ihr lebendiger Gegenpol war — ein fruchtbares, reiches, ein begnadetes Geschöpf?

DIE STUFENPYRAMIDE UND DAS GRAB DES UNAS

Zwei der größten geistigen Leistungen der Menschheit stammen aus dem Alten Reich: die Schrift, mit der wir Gedanken und Erfahrungen über unendliche Zeiträume weiterreichen können, und das Bauen mit festen Steinen, das die Jahrhunderte überdauert.
Nie wird man erfahren, wer die Schrift erfand. Daß es aber König Djosers genialer Baumeister Imhotep war, der den ersten monumentalen Steinbau auftürmen ließ, das wissen wir. Wie ein Wunder blieb sein Werk, die Stufenpyramide, erhalten. Es ist gewiß das ehrwürdigste Gebäude, das wir kennen.
Sie entstand ursprünglich aus einer einfachen Mastaba, über die man wieder eine Mastaba setzte und noch eine und noch eine, sechs Stufen übereinander, sechzig Meter hoch.
Es war wohl so, daß im Laufe der Bauzeit immer mehr Grabkammern für die königliche Familie gebraucht wurden, aber das schmälert nicht Imhoteps Leistung, denn er baute sie eben nicht, wie bisher, neben-, sondern aufeinander.
Von ihm stammen auch die ersten Säulen, die gleich Trommeln aufeinandergesetzt und an Mauern angelehnt sind, also nicht frei stehen. Es könnte sein, daß Imhotep identisch ist mit dem biblischen Joseph, ein Gedanke, der nicht nur durch die Klangähnlichkeit des Namens genährt wird. Lange Zeit vermutete man nämlich in den Pyramiden keine Grabkammern, sondern jene Kornspeicher, die Joseph bauen ließ, um die sieben mageren Jahre zu überdauern.
Doch das war nicht mehr als eine Vermutung, die entstand, weil man die Pyramiden nach ihrem Bau vergass. Sie hatten ihre Aufgabe erfüllt. Sie wurden nicht etwa zur Verherrlichung des Königs errichtet, sondern zum Segen des Landes, dem der Verstorbene weiter zu dienen hatte. Djoser hatte das von Unruhen zerrissene Land befriedet, er hatte eine Ordnung gestiftet, die fast dreitausend Jahre gültig sein sollte. Er und sein genialer Baumeister Imhotep — auch Arzt und Weiser — formten das Alte Reich, in dem die Schrift erfunden wurde, der Kalender, Regeln der Kunst, die Weisheitslehre. Es blühte ein wohlorganisiertes Gemeinwesen in einem straff geordneten Staat.

Und König Djosers Pyramide ist ein Zeichen dieser Ordnung, für ihre Unverrückbarkeit, für ihre Unantastbarkeit. Indem sie da war, indem sie stand und dauerte, verewigte sie das Gesetz, ganz ohne menschliches Zutun.
Der Ägypter war ein tiefreligiöser Mensch, und er drückte seine Religion auch in sichtbaren Zeichen aus. Das Zeichen war Beweis und Mahnung.
Von Imhoteps Leben selbst wissen wir kaum etwas. Es gibt nur die Inschrift unter einer Statue des Königs Djoser aus dessen Totentempel, auch sein Grab wurde noch nicht gefunden. Desto größer war der Nachruhm, den er bei den alten Ägyptern genoß. Sie verehrten ihn als Sohn des Gottes Ptah, in dem acht Urgötter Gestalt gewannen und der mit den Organen Herz und Zunge den gesamten Kosmos, einschließlich der Götterbilder, der Kulte und der Rechtsordungen, geschaffen haben soll: wahrlich eine ehrende Vaterschaft! Auch als Gott des Heils wurde Imhotep verehrt. Im Tempel von Sakkara strömten Kranke und Sieche aus dem ganzen Land zusammen, um im Schlaf Genesung zu finden. Die Griechen setzten ihn mit Asklepios gleich, in vielen Heiligtümern wurden ihm kleine Kapellen errichtet, auf Philae gar ein eigener Tempel. Seine «Weisheitssprüche» zitierte man bereits im Mittleren Reich, und ehe die Schreiber mit ihrer Arbeit begannen, versprengten sie ihm zu Ehren einen Tropfen aus dem Wassernäpfchen.
Es ist viel Himmelsbläue um den grauen, emporklimmenden Bau, der sich nach oben verjüngt. Der Stein zerfällt, es ist, als vermöchte er die Last der Jahre nicht mehr zu tragen, nachdem das Reich längst vergangen ist und mit ihm seine Verantwortung.
Durch das Geröll streunen wilde Hunde, die Hitze ist erbarmungslos, sogar der Spann des Fußes brennt, es entsteht eine Gier nach Schatten, ein der Sonnenglut entsprechender glühender Wunsch, aus der Sonne zu kommen. Hier, anders als in der Kühle der Grabkammer, will sich das seelische Erlebnis nicht so recht einstellen, hier sind Schweiß, Hitze und Müdigkeit.
Und danach ein Gefühl der Beklemmung, wenn man in gebückter Haltung den engen Gang zur Grabkammer unter der eingeebneten Pyramide des Königs Unas hinabsteigt. Wie berechtigt diese Beklemmung ist, würde man erst richtig begreifen, könnte man

Stufenpyramide von Sakkara

die Hieroglyphentexte lesen, von denen die Wände auf so anmutig-dekorative Weise bedeckt sind.
Denn König Unas wird hier als einer geschildert, der so machtvoll ist, daß er den Himmel erobert, daß die Götter vor ihm fliehen; als einer, der von seinen Vätern lebt, von seinen Müttern ißt; der jeden verschlingt, den er auf seinem Wege trifft; der den Einstich in die Rückenwirbel seiner Opfer genau berechnet und den Göttern die Herzen ausreißt; der sich von Götterlungen nährt; der Menschen verspeist und Kehlen durchschneiden läßt. Er ist es, der seinen Herd mit Greisen und Greisinnen heizt, der aber auch seinen großmächtigen Appetit schon nach ganz modernen Regeln einteilt, denn die Großen sind für ihn das Frühmahl, die Mittleren das Abendmahl und die Kleinsten das Nachtmahl.
Wir sind hier tief in Gedankenwelten der menschlichen Frühzeit eingedrungen, die mit unserem Bild des fruchtbaren, heiteren Ägypten noch nichts zu tun haben und uns zeigen, aus welch schwerlastenden, düster-grausamen Vorstellungswelten sich der menschliche Geist befreien mußte, um «kultiviert» zu werden. Sie sagen uns auch, daß wir diese urzeitlichen Vorstellungen noch immer im archaischen Grund unserer Seele bewahren — in unserer Phantasie, aber auch als Motiv so vieler unerklärlicher Taten.

EL-DAR — DAS HAUS

Brennende Sonnenglut, Müdigkeit. Erschöpfung von Hitze, Sand, Staub und Gräbern. Erschöpft auch von Gehörtem, von Kultur, steigen wir in einem schattigen Hof aus unserem Bus. Bäume. Das Haus dahinter ist gepflegt, weiß, eine breite Treppe führt in wenigen Stufen zum Eingang.

Ein Touristenrestaurant, eines der besseren, eine Goldgrube für den Besitzer — «el-dar», «das Haus».

Links in der Ecke des Hofes, unter einem schattenspendenden Vordach, sitzt eine junge Frau. Der schwarze Rock spannt sich über den gespreizten Knien, die schwarzen Haare werden von einem grünen Kopftuch gehalten, hinter ihr flackert ein Holzfeuer im runden Backofen, aus dem der Qualm emporsteigt. Alles ist verrußt. Sie knetet und patscht den Teig, sie schiebt die Fladen ins Feuer, holt sie heraus, wirft sie in die Luft. Man soll das Brot kaufen, und man ißt es, zerbröckelt den heißen, frischen Laib noch während man ins Haus geht, das Brot schmeckt würzig, leicht.

Die Bäckerin lächelt. Sie tut ihre Arbeit aus Gründen der Dekoration, wir sollen bekommen, worauf wir aus sind, ägyptische Folklore, aber es ist auch keine schlechte Arbeit, sie stellt sich zur Schau — ungern? — gern? Sie ist es gewöhnt.

Kauend durchqueren wir das Haus, atmen Schatten und Luxus, schreiten vorbei an Souvenirständen, wo es alles gibt: kleine Teppiche mit dezent-ägyptischen Mustern, mit Pflanzen und Vögeln; Schmuck, der blitzt und glitzert und alles mögliche vortäuschen soll; jede Menge rasch gefertigter Skarabäen, in allen Größen, in Jadegrün und Anthrazit. Es muß Millionen davon in Ägypten geben.

An langen Tafeln, unter Bäumen im Hof gedeckt, nehmen wir nebeneinander Platz, wir gehören zusammen, Frau Inge sorgt dafür, daß wir beieinanderbleiben.

Das erste Mal, während wir hier entspannt sitzen, sehen wir unsere Reisegefährten ein wenig genauer an. Bisher bewegten wir uns nur in einer noch nicht recht auseinanderzuhaltenden Gruppe von Menschen, die gleich uns emsig Sehenswürdigkeiten zustrebten, die Augen, dirigiert von Erklärungen, über die gleichen Reliefwände streifen ließen, über Nilpferdjagden und Krokodile;

Bäckerin

über schlanke Prinzessinnen in Booten, die an Papyrusstauden vorbeigleiten; über Rinder, die durch das Wasser getrieben werden; über Sumpfvögel, Lockenperücken, Jäger und Schwärme von Fischen.
Wir sahen Scheintüren und Pfeilerhallen, wir drängten uns durch enge Gänge, zogen die Köpfe ein unter Türstürzen, traten aus blendender Helle in Grabesdüsternis und aus Grabesdüsternis in grelles Licht, schauten über Wüstenfelder und Palmenhaine, dachten, daß wir eigentlich etwas hätten empfinden müssen — vielleicht ein wenig mehr, vielleicht ein wenig tiefer —, erwarteten eine Erkenntnis oder eine Erschütterung, begriffen vielleicht, daß uns die Zeitspanne der Jahrtausende, mit denen hier umgegangen wird wie bei uns mit Jahrzehnten, vollkommen unbegreiflich bleibt, daß wir nicht zurückzudenken vermögen, daß dieses Zurücksinnen in so unendliche Zeiträume über unser Fassungsvermögen geht und daß wir doch immer nur das Hier und das Heute sehen, daß alles andere Abstraktion bleibt.
Wir alle fühlten uns mehr oder weniger im Dienst. Jetzt, zum erstenmal, entspannen sich die Gesichter. Man mustert sich verstohlen, ohne doch irgend etwas voneinander zu wissen, nicht einmal die Namen, obwohl wir sie dabeihaben, auf einer Teilnehmerliste. Bei allen stellt sich gleich eine Spannung ein: Was darf man trinken, was darf man essen? Die Vorsichtigen lassen die Salate vorbeigehen: «Ja keine Paprikaschoten in Öl.» — «Ja nichts Rohes.» — «Bier bitte nur angewärmt.» — «Datteln? Ach nein, lieber nicht!» Sogar Frau Inge empfiehlt, die Schalen abzuziehen, aber dann läßt man sie doch besser gleich liegen.
Dabei sieht alles appetitlich aus: die kleinen Schüsseln mit den in Öl schwimmenden Salaten, die Auberginen, die Kartoffeln, der Reis, die Grillspieße — ganz auf das Essen verzichten kann man auch nicht, also in Gottes Namen, er möge uns vor der Rache Pharaos schützen, und im übrigen ist ja jeder reich versehen mit Medikamenten und noch reicher mit guten Ratschlägen.
Frau Inge thront am Kopfende der Tafel, sie strahlt, plaudert, organisiert: sie herrscht auf liebenswürdige Weise. Ihr entgeht nichts, sie weiß immer Rat: «Das machen wir schon!» «Es gibt nichts, was nicht geht.» «Wenn irgend etwas ist, immer zu mir kommen, ich regle das schon.»

Rings um unseren Tisch im Garten stehen noch an die zehn, an die fünfzehn, vielleicht gar zwanzig sehr lange Holztafeln, alle mit Reisegruppen besetzt, aus Skandinavien, aus Italien, aus Frankreich und natürlich aus den Vereinigten Staaten. Die Amerikaner sind am heitersten, schmücken sich mit bunten Sonnenhüten, stehen auf, um sich fotografieren zu lassen, sind häßlich von Angesicht und von Statur, aber das tut der lauten Fröhlichkeit keinen Abbruch.

Ich denke, satt vom Essen und befriedigt müde, beim Tee darüber nach, ob es möglich sein wird, über diese Reise zu schreiben, fühle aber, daß ich das noch nicht wissen kann. Wie könnte so ein Bericht wohl heißen? Vielleicht «Ägyptischer Dialog» oder «Dialog mit Ägypten», aber mit wem soll der Dialog geführt werden? Wird das, was ich hier so einfach «Ägypten» nenne, antworten, und werde ich ihm die richtigen Fragen stellen? Wie wird der Versuch ausgehen, sich einer so großen Kultur auszusetzen, wird es eine Enttäuschung sein, weil man selbst ihr nicht gewachsen ist, schon blind geworden, schon unfähig auch, mit allen Sinnen aufzunehmen?

In den sauberen Toiletten warten kleine weißgekleidete Knaben, nicht älter als sechs oder acht Jahre, so dunkelhäutig wie kohlenäugig, auf unsere Notdurft. Sie lächeln, sobald man eintritt, präsentieren saubere Handtücher über dem linken, abgewinkelten Arm und springen flink herbei, wenn man sich dem Waschbecken nähert, denn Waschbecken bedeutet Seife, und Seife bedeutet Handtuch, und beides zusammen bedeutet Bakschisch.

Es ist egal, wie groß der Bakschisch ausfällt, es gehört dann zum Ritual, ihn in der offenen rechten Hand geringschätzig zu betrachten und dem Fremden seine Verachtung zu zeigen, bis dieser sich unbeeindruckt zur Tür wendet.

Dann schlüpft die freie Rechte blitzschnell in die Manteltasche und zaubert einen Skarabäus hervor, der blaßgrün auf der braunen Bubenhand liegt, im Geflecht der Handlinien wie im Spinnennetz.

«Echt, echt, ganz alt, sehr schön!»

Sie lachen gern, diese Kinder.

Weiterfahrend sehen wir die Werkstatt eines Teppichwebers am Straßenrand. Auch dort ist ein Bub, es fällt das Wort «Kinderarbeit», aber es hat hier einen anderen Klang. Diese Kinder — es sind wenige — sind einbezogen in das Leben der Erwachsenen, sie haben teil daran und sind stolz darauf.

Das Elend in Kairo, in dieser so wild wachsenden Stadt, ist groß, doch auch das Elend scheint eine andere Farbe zu haben als bei uns, es versinkt nicht in Hoffnungslosigkeit, es ist voller Aggressivität und voller Lebenskraft.

Irgendeiner aus unserer Gruppe sagt nachdenklich: «Vielleicht besser Kinderarbeit als Jugendarbeitslosigkeit.» Doch ist das wirklich eine Alternative?

Ich weiß nicht, welche der Teppichwerkstätten wir besichtigt haben, diese hier scheint mir eher ein Touristenbasar zu sein. Aber es gibt oder gab an der Straße von Memphis nach Kairo das Atelier eines Kopten, Ramses Wissa-Wassef, der im Dorf Harania Fellachenkinder weben ließ. Er lehrte sie nur die Technik, und sie webten voll naiver, unverdorbener Phantasie Szenen aus ihrem Umkreis, aus ihrem Leben, Teppiche, die als kleine Kunstwerke in vielen Ländern ausgestellt wurden und über die ein Bildband veröffentlicht wurde.

Unvermeidbar stellt sich Trauer ein beim Vergleich zwischen der Intuition und Schöpferkraft dieser Landkinder und jener der Geschöpfe unserer Industriesiedlungen.

GIZEH Der Kranz der Pyramiden im Westen des heutigen Kairo, der Kranz der Pyramiden von Maidum, Lischt, Dahschur, Sakkara, Abusir und Gizeh im Westen des Nils, am Rand der Wüste, ist wie ein Schutzwall der Lebenden vor dem Totenreich. Und wenn man von diesem über fünfzig Kilometer langen Gürtel der Pyramiden spricht, dann ist man unwillkürlich versucht, mit den Worten der Bibel zu sagen: «. . . aber die von Gizeh sind die größten unter ihnen.»

Heute sind sie Mittelpunkt des Touristenrummels. Die Hütten und Häuschen, die Buden Kairos rücken dicht an sie heran. Die Parkplätze für Autos, für Omnibusse, die Kameltreiber in ihren hellblauen Mänteln, die uns zum Ritt auffordern; das alles ist störend. Aber schön sind die Tiere trotzdem mit ihren bunten Sätteln und ihrem wiegenden Gang.

Und die malerischen Kameltreiber sind glücklicherweise sanft, wenig aufdringlich. Es riecht nach Kamelschweiß und Kamelurin.

Wandert man die Straße vom Hotel Mena House empor, ragt die Cheopspyramide wie ein Gebirge vor einem auf, braungrau und ergreifend harmonisch. Ja von der Harmonie ihrer Maße, die zugleich eine Harmonie ihrer Form ist, geht ein verwandelnder Zauber aus. Keine Abbildung vermag davon Eindruck zu geben, man müßte sie stundenlang betrachten, ganz geduldig, und auf das hören, was sich in einem bewegt. Sie ist eine Synthese aus urweltlicher, archaischer Kraft, urweltlicher, kosmischer Denkweise und höchster Geistigkeit. Hat je ein anderes Volk einen ähnlich gigantischen Traum geträumt und die Kraft gehabt, ihn in seinem Glauben zu verwirklichen?

Da wehte der Wind aus der Wüste, dem Sand und sengende Hitze beigemischt sind, herüber, faßte den Menschen an und würgte sein Herz — und mit der ganzen ihm zur Verfügung stehenden Kraft stemmte er sich, setzte er die Pyramiden dagegen, weil er leben wollte, damals: Da-sein. Und nun stehen sie auf breitem Fundament unverrückbar und weisen in den Himmel, werden dauern und in den Himmel weisen, Jahrtausende, solange die Erde besteht.

Eine Illusion, gewiß. Aber da wir die Wahrheit nie erkennen werden, müssen wir träumen, um das Leben im Anblick des Todes zu ertragen.

Sie ruhen auf quadratischem Grund, diese drei Pyramiden, sind aber aus gewaltigen, dreieckigen Flächen zusammengesetzt, die sich ebenmäßig zueinander neigen und sich im obersten Sonnenpunkt zu einer Spitze vereinigen — wenigstens taten sie das zu einer Zeit, da die Vergänglichkeit noch nicht ihr abbröckelndes Werk begonnen hatte.
Genau nach den vier Himmelsrichtungen sind die vier Dreiecke ausgerichtet, so daß das eine jeweils die aufgehende Sonne empfängt, das zweite die volle Mittagsglut, das dritte die untergehende Sonne, während das vierte nicht Morgen, nicht Mittag und nicht Abend ist, sondern das Nichts von allen dreien: die dauernde Nacht. Und wer genau sein will und meint, es sei nicht die Nacht, sondern der Schatten, der sei daran erinnert, daß unsere Nacht auch nichts anderes ist als der Schatten unserer Dinge.
Es ist ein bewegendes Spiel, das hier getrieben wird aus den Zahlen Drei und Vier, bewegend auch insofern, als die großen Ruhenden ja ständig bewegt sind durch das Licht, das über sie wandert. Glut ist um sie, und sie werden lebendig durch die Schattenspiele der ausgebrochenen Stufen und Steinquadern, die manchmal erdbraun sind, dann ruß- oder sogar honigfarben, bis hin zu einem sehr hellen Grau.
Sie leuchten unter dem glyzinienblauen Himmel.
Auch der Bewegung des Betrachters folgen sie willig, so daß sie ins Unermeßliche wachsen, sich auftürmen oder sich mit sanfterer Steigung darbieten, je nachdem, von wo man zu ihnen emporsieht. Und ebenso scheinen sie sich ständig zu verschieben, wenn man zwischen ihnen herumwandert. Sie rücken auseinander oder zusammen und bieten einem die vielfältigsten Zusammenstellungen dar, die sich aus aufgerichteten, schräggeneigten, besonnten und beschatteten zusammengesetzten Dreiecken überhaupt denken lassen.
Luft und Licht ist zwischen ihnen, oder sie scheinen ein einziger Block mit drei Spitzen zu sein.
Sie sind ein beeindruckender Beweis dafür, daß es für eine schier übermenschliche Leistung nicht auf die Mittel ankommt, nicht auf Bagger und Kräne, vielleicht nicht einmal auf Rad oder Flaschenzug, sondern allein auf den Willen, besser noch: auf den Glauben und auf das Motiv.

Shaofang folgt dem alten Führer Mustafa, der mit einem krankhaft verdickten, verformten Bein und einem Knotenstock voraushinkt, ins Innere bis hinauf in die Königskammer, gebückt, in stickiger Luft — ich kehre mit Beklemmungen auf der niedrigen Treppe des Mittelgangs um.
Unten liegt Kairo, dehnt sich die Stadt aus, ragen die Minarette empor, wachsen die Palmen.
Am Abend fahren wir noch einmal zu den Pyramiden von Gizeh, wandern durch die Gassen erleuchteter Andenkenbuden zum «Son et lumière»-Schauspiel, sitzen auf Stühlen in langen Reihen zu Füßen des Sphinx und hören einen banal-pathetischen Text zu einer banal-pathetischen Musik, während der Sphinx, die drei Pyramiden und die Gräberfelder effektvoll-kitschig in Rot, Grün, Blau und Gelb wechselnd aufleuchten und verlöschen.
Und doch, all der Spektakel vermag die Erhabenheit des Ortes nicht zu zerstören. Kälter und schärfer weht der Wind aus der Wüste her, macht frösteln, die Hunde bellen aus ihren Verstekken, und an keinem Ort der Welt, in keiner Burg, keinem Schloß, keiner Festung, nicht einmal im Petersdom — nirgends kann man den Atem der Zeit so spüren wie hier. Vielleicht wäre eine Nacht — allein — verlassen in der Wüste noch eindringlicher, doch fehlte dort das grandiose Zeugnis des Menschen: Hier ist er gewesen, dieser Nomade des Lebens, auf seiner Karawanenreise in die Ewigkeit, hier hat er seine Zelte aufgerichtet, Zelte wie Hügel, hier war er einmal, und dies ist sein Zeichen.
Es ist denkbar, daß sie die einzigen Zeugnisse der Menschheit sein werden, die Äonen und unseren Untergang überdauern, wenn alle unsere chaotischen Städte, diese Sammelsurien aus Beton, Metall, Rost und Papier, längst zusammengefallen sind. Dann könnten sich die Schakale erzählen, daß hier einmal der Mensch gelebt hat, das klügste und das verbrecherischste, das schöpferischste und zugleich das zerstörerischste Geschöpf der Erde. «Sie hatten alles, sie konnten alles, sie beherrschten alles — nur sich selbst nicht.»
Wunderschön manchmal (wenn man die Ohren zumacht und weghört vom peinlichen Getön), unbegreiflich und, vielleicht, unvergeßlich ist der Anblick der erleuchteten Kegel der drei und — mit den kleineren — fünf Pyramiden unter dem tiefschwarzen

Nachthimmel. Es trifft jeden, und man müßte hierher gehen, mehrere Male, mehrere Nächte, um die Einsamkeit und den Menschentrotz gegen die Einsamkeit ganz tief zu empfinden. Dann vielleicht könnte man als ein Veränderter fortgehen.
Da wäre die Stille eines Mönchtums denkbar, die es sonst nirgends mehr gibt, die es in den kahlen Zellen mittelalterlicher Klöster gegeben hat, von denen wir Lichtjahre des Lärms und der Banalitäten entfernt sind. Man spürt, daß man an der Schwelle eines Mysteriums steht, daß man aber noch lange nicht reif ist, die Schwelle zu überschreiten, und daß uns die große, die geheimnisvolle Tür, deren mächtige Angeln die Pyramiden sind, auf ewig verschlossen bleiben wird, da wir uns selbst ganz außerhalb aller mythischen Bezirke gestellt haben.
Dies ist vielleicht die Frage, die uns der schweigende, der unbewegliche und rätselhafte Sphinx stellt.
Dies könnte die Frage sein. Doch der Sphinx ist zu erhaben, uns Rätsel aufzugeben. Er beachtet uns nicht. Seine Aufgabe ist es, den Schlaf der Toten zu bewachen. Morgen für Morgen taucht die Sonne ihn in ihre Glut und bringt seinen Stein zum Leuchten.

Sphinx von Gizeh

Er wacht über den Schlaf der Königsmumien, bis zu ihrer Auferstehung. Er schaut die Sterne und sieht ihre Wanderung über das Firmament, die, wie er weiß, ein Vorbote der kommenden Sonne ist.

König Chephren ließ den Koloß, einer bildnerischen Laune folgend, aus einem beim Pyramidenbau stehengebliebenen Felsblock als Sinnbild der Königsmacht herausmeißeln. Handwerker, die hier in Hütten wohnten, verehrten ihn, königliche Prinzen fuhren zu seinen Füßen ihre Pferde und Streitwagen ein und übten mit Pfeil und Bogen, Thuthmosis IV. träumte als Jüngling, daß er König würde, wenn er ihn aus dem Sand graben ließe. Er tat es und regierte acht Jahre. Und da stand der Sphinx schon eintausendzweihundert Jahre an dieser Stelle, und seitdem hat die Erde die Sonne nochmals mehr als dreitausenddreihundertmal umrundet.

Mitten in der Nacht, längst wieder im Hotelzimmer und halb im Schlaf, hatte ich eine Art Vision. Ich sah den kleinen Korsen, den großen Napoleon, am Fuß der Pyramiden stehen, und vielleicht kann man von daher auch seinen Traum von der Weltherrschaft verstehen. Seine Maßlosigkeit, die doch so geformt und so phantasievoll war, hatte sie vielleicht mit dieser Stunde seines jungen Lebens zu tun, als er — ein neunzehnjähriger General der Französischen Revolution, die einen Staat freier Menschen versprach — mit seiner Armee vor den Pyramiden stand? In Ägypten «begegnet» man ihm auf Schritt und Tritt. Er brachte 1798 einen Stab von Gelehrten mit, die zum erstenmal systematisch und gründlich forschten. Mit Jean-François Champollion, dem 1822 die Entzifferung der Hieroglyphen gelang, wurde die Ägyptologie zu einer Wissenschaft.

Vorausgesehen hat dies Napoleon gewiß nicht, aber sein Interesse war ungewöhnlich für einen so jungen Feldherrn, nachdem einige Jahrhunderte lang alle anderen Eroberer Ägypten nur ausgeplündert hatten.

Seine Gestalt, so scheint mir, ist jedenfalls eine der ganz wenigen, die neben den Pyramiden nicht zu einem lächerlichen Nichts zusammenschrumpft. Zwar hat auch Napoleons Werk die Zeiten nicht überdauert, aber es steht unauslöschlich in der Papyrusrolle der Geschichte verzeichnet.

FAHRT DURCH KAIRO

Schon früh ist es sehr warm, die Sonne ist hell, sie bringt alles zum Strahlen: die Häuser, die Bäume, die Querstraßen, die Dächer der Autos vor uns, hinter uns, neben uns.
Unser Bus quält sich im Schritt voran, «stop and go», es sind fünfzehn Kilometer bis zum Ägyptischen Museum, und wir brauchen für diese Strecke weit mehr als eine Stunde. Frau Inge lacht: «Ich kenne das!» Sie macht das mehrmals im Jahr, wieder und immer wieder.
Sie steht vorne mit dem Mikrophon. «Verstehen mich alle?» Sie ist die gute Laune selbst und verströmt Optimismus.
Sie erzählt vom modernen Kairo, von den Problemen, und während sie redet und wir stoßweise dahinkriechen inmitten des Motorengetöses und des Hupkonzerts, versuchen wir, an den Häusern und Autos die arabischen Zahlen zu erlernen, die, etwas verwirrend, eigentlich indisch sind und neben den europäischen stehen, die wir als arabisch bezeichnen.
Frau Inge berichtet vom Leben, vom Zusammenhalt der Familien, der unzerstörbar ist und der auch mit dem explosiven Bevölkerungswachstum zu tun hat (in dem man das Problem aller Probleme zu sehen hat und das jede Verbesserung der Verhältnisse zunichte macht, noch ehe sie wirksam werden kann). Denn nur im Familienverband kann der einzelne bestehen, kann er sich behaupten. Die Familie ist die schützende Zelle, die Insel im Chaos. Es gibt keine Altersversorgung, und daher ist die Familie eine Schutzgemeinschaft, von der Geburt bis zum Tod, und die einzige. Allerdings bekommt jetzt jeder Arme und Alte vom Staat eine Unterstützung, die dem Wert von fünfzig Mark entspricht. Die Krankenversorgung ist frei. Auch das Studium ist frei, aber wer fertig studiert hat, also ein junger Arzt zum Beispiel, muss drei Jahre lang für die Allgemeinheit arbeiten. Alle Grundnahrungsmittel, wie Reis, Mehl, Öl, Tee oder Zucker, werden in bestimmten Mengen stark verbilligt abgegeben, und die Bessergestellten verschenken ihre Bezugsrechte an die armen Familien. Außerdem herrscht eine unbeschreibliche Wohnungsnot. Es wird zwar wild gebaut, aber die Preise sind sehr hoch, und die künftigen Mieter zahlen schon Jahre vorher astronomische Baukostenzuschüsse. Geht der Bauherr dann vor der Bezugsfertigkeit pleite,

gewollt oder ungewollt, ist das Geld verloren, und es lohnt nicht, zum Kadi zu gehen, zumal sowieso alles ungesetzlich war.
Diese Wohnungsnot treibt sonderbare Blüten: Studenten zum Beispiel heiraten gerne geschiedene Frauen, nicht etwa aus Liebe, sondern weil diese oft über eine eigene Wohnung verfügen.
Wir hören noch mehr, mehr, als wir so schnell aufnehmen können, vom Vielvölkerstaat, von den Fellachen und Moslems, von den Kopten, von Arabern und Europäern, von Beduinen, die in den Wüsten leben, von Berbern und Nubiern. Wir werden dringend davor gewarnt, bei den fliegenden Händlern auf den Straßen Geld einzutauschen. Das sei zwar sehr günstig, sagt sie, aber nur, solange man nicht erwischt werde. Es ist die Inflation, die den schwarzen Markt an harten Währungen entstehen läßt. Die Strafen sind hoch. Frau Inge kann uns jederzeit Geld wechseln, sofort, im Bus noch beginnt sie damit, zum offiziellen Kurs natürlich, der dreißig Prozent unter dem illegalen liegt.
Sie tut es gern. Und keiner von uns ist so unhöflich, zu fragen, ob sie selbst ausschließlich bei den Banken wechselt.
Wir schieben uns an der Einmündung einer Querstraße vorbei, beidseitig ist alles verstopft von Menschen, meist von jungen Männern in blauen Galabejas, aber unter ihnen sind auch Frauen. Es handelt sich um Arbeitsuchende aus den Dörfern, die jeden Morgen an diese und andere Ecken kommen und warten, ob jemand sie aussucht, sie beschäftigt für einen Tag — etwa ein Vorarbeiter vom Bau.
Man hat aber den Eindruck — und Frau Inge bestätigt es —, daß trotz der vielen Probleme die Menschen in Kairo nicht geplagt sind von Lebensangst, nicht von der Angst vor der Zukunft zerfressen werden, so wie wir. Sie meint, es gäbe so gut wie keine Selbstmorde. Man nimmt die Dinge eben so, wie sie sind, klaglos, im dichtgedrängten Neben-, Mit- und Gegeneinander. Der Bürger Kairos braucht keinen Psychiater, er geht ins Café und redet sich alles von der Seele — und ich ertappe mich bei dem (aberwitzigen) Wunsch, auch so leben und empfinden zu können, in einer so elementaren Form Mensch zu sein, so ganz gegenwärtig. Mensch sein ist ja doch Fatum, ist Gegebenheit von der Geburt bis zum Tod, nicht vorbestimmt, aber in dauernd vorgegebenen Abhängigkeiten. Denn abhängig sind wir, von unserem ersten

Tag an, von allem, von unserer Herkunft, dem Land, dem Volk, von den Menschen, die uns zum Schicksal werden, und am meisten von unserem Charakter und dem Funktionieren unserer Organe. Und nur im Lieben und Annehmen unseres Schicksals können wir das Leben überhaupt ertragen. Wie schwer wird uns das aber in unseren Breiten — wie abhängig sind wir von unseren quälenden Gedanken.

DAS ÄGYPTISCHE MUSEUM

Was für ein Gegensatz zwischen dem Gebäude und seinem Inhalt! Man denkt an eine riesige Rumpelkammer, nur daß sie angefüllt ist mit Tausenden von Einzelstükken, zahllose darunter unbegreifliche Meisterwerke, und jedes ein Zeugnis, das allein schon durch sein Alter Ehrfucht und Aufmerksamkeit verdient.

Fast immer sind die Hallen überfüllt. Die Gruppen, geleitet von ihren in vielen Sprachen erläuternden Führern, drängen sich von Höhepunkt zu Höhepunkt aneinander vorbei, die Vorträge hallen und verhallen in den hohen Räumen, die schweigenden Königsstatuen sind ständig umschwirrt von den immer gleichen Erklärungen, sie werden umdrängt, angestarrt, der eine Trupp entfernt sich schleifend, der nächste schiebt sich heran, man versammelt sich, lauscht, schaut, und schon warten andere.

Es ist wahrlich ein seltsames Schicksal, das diese Könige ihren Abbildern bereitet haben, und hätten sie es zu ihrer Zeit ahnen können, wer weiß, ob sie nicht selbst Hammer und Meißel genommen hätten, um sich — indem sie ihr Abbild zertrümmerten — die wirkliche Ruhe zu sichern.

Denn gerade das ist eingetreten, was sie nie beabsichtigt hatten. Nicht für menschliche Augen waren ihre Abbilder bestimmt, sondern nur zur Wohnung ihrer Seelen. In den dunklen Schächten ihrer ewigen Häuser sollten sie die Zeiten überdauern, vermauert, abgeschlossen vom Licht des Tages, ganz dem Jenseits zugewandt, in Schweigen verharrend, von keinem Lebenden besucht und gestört — höchstens einmal im Jahr von den Angehörigen gefeiert mit Fackellicht, Gesang, Tanz und Gelage. Und wie in den Gräbern war es in den Tempeln gedacht. Durch hohe Mauern vom Treiben des Alltags abgeschirmt, in dunklen Räumen und Nischen, wohnten die Götter, nur die geweihten Priester durften den Fuß in die heiligen Räume setzen.

Für diese Zwecke entwickelten die Ägypter eine hohe Kunst der Stilisierung. Sie beschränkten sich auf das ihnen Wichtige, und das Wichtige waren ihnen allgemeingültige Grundformen, nicht persönliche Eigenheiten: das Gehen, das Stehen, das Sitzen. Sie trennten das Zufällige vom Wesentlichen und führten alles darauf zurück. Wie rein, wie überaus edel und gekonnt ihre Kunst war, wird am besten im Vergleich vielleicht zu den üppig-verschlungenen Figuren der indischen Tempel deutlich. Scheint es nicht, als sei der Ägypter mit der zartesten, zurückhaltendsten Gebärde durch seinen Kunstraum geschritten? Wo findet man Leidenschaften, Exzesse, ja selbst Gefühle? Nur Echnaton, der tiefreligiöse, hat Familiäres darzustellen gewagt — und gilt als Ketzer. Alles Menschliche ist hier ins Ästhetische entrückt.

Es liegt ein großer Zauber der Feinheit über diesen stillen Werken. Die Ägypter waren Meister der klaren Linien, des figürlich-ornamentalen Geflechts, wie es sonst niemals wieder erreicht und gewollt wurde. Als ob sie sich noch in einem reinen, kindlichen Zustand der Seelen befinden, zärtlich und ohne Vorbehalte einander zugetan, so sitzen die göttlichen Ehepaare nebeneinander und halten sich an den Händen — nicht einer des anderen Herr oder des anderen Sklave, sondern einer des anderen Gefährte.

Und diese Statuen — wissen wir denn, ob der Dargestellte nicht doch in seiner Figur verharrt, schweigend und unbeweglich zwar, aber mit einer uns fremden, unbegreiflichen Geduld, wartend auf den Tag, an dem er gerufen wird?

Die Überfülle läßt sich weder begreifen noch aufnehmen, noch erkennen. Dreißig Jahrhunderte währte die uns bekannte altägyptische Geschichte: eine fast unausdenkbare Zeitspanne für uns Kinder so kurzlebiger Jahrzehnte. Aber auch sonst hat sie, in dieser Geschlossenheit, in der ganzen Menschheitsgeschichte keine Entsprechung. An den Ägyptern erstaunt nicht nur die Höhe ihrer Kultur, sondern auch deren Dauer.

Unübersehbar ist die Zahl der Figuren, aus Kalk- und Sandstein, aus Holz und Metall, aus Granit und Diorit. Sie schreiten, kauern, schreiben, thronen hier überall, in drangvoller Enge, die sich im Leben so fern waren, nicht nur räumlich, sondern auch zeitlich, oft durch Jahrhunderte getrennt. Einzeln stehen sie hier, zu zweit oder mit ihren Kindern, auf Thronen sich umschlingend oder streng nebeneinander getrennt, vereint vor allem durch die Höhe ihres göttlichen Ranges. Sie tragen Doppelkronen und Mützen und Krummschwerter, über der Stirn steigt die Uräusschlange drohend empor, der Unterleib ist vom gefältelten Schurz nur zierlich bedeckt, so daß die starken Waden hervortreten —

wie die starken Schenkel Sinnbild der Macht. Hoheitsvoll und sehr erhaben schauen sie in jene ferne Welt, in der sie sich ein ewiges, schönes Leben erhofften.
Und dann denkt man: Dreitausend Jahre der großartigsten kulturellen Leistungen der Menschheit beruhen auf einem Irrtum. Denn kein Osiris hat diese Toten jemals empfangen und durch die Nacht geleitet. Ohne diesen Irrtum aber gäbe es diese Kultur nicht. So sind Irrtum oder Wahrheit keine Kriterien für das Entstehen von Werken. Es ist gleichgültig, ob die Motivation auf richtigen Voraussetzungen beruht, wenn sie nur stark ist.
Die Naturwissenschaft sucht nach der Wahrheit, sie sucht das Seiende in seinem wahren, wirklichen Wesen zu erkennen. Sie motiviert nicht zum Schaffen. Wo sie wirkt, sucht sie nach Erkenntnis oder nach Nutzen. Und wenn ihre Erkenntnisse, ihre Ergebnisse nützen, so nützen sie immer nur partiell, nur teilweise, und der partielle Nutzen erweist sich als Störung oder Schädigung des Ganzen. Also schafft die Wahrheit der Wissenschaft im Grunde das Unrichtige, nämlich nicht nur keine Kultur, sondern sogar die Zerstörung unseres Planeten.
Und man denkt weiter: Wenn die ägyptische Kunst nicht nach ästhetischen Kriterien zu beurteilen ist, sondern nur nach religiösen, dann hat die Religion hier das Ästhetische schlechthin hervorgebracht.
Man tritt in eine vollkommen geschlossene, geordnete Vorstellungswelt ein. Alles Große schafft der Mensch aus dem Glauben, dem Kind seiner Phantasie, und der Glaube ist eine Ableitung aus dem Erkenntnisstand. Auch wir können nicht über unser Wissen hinausdenken oder darüber hinaus glauben, und wir können nur soviel wissen, wie wir sehen und sehend erkennen. Unser Denken ist körperhaft, es ist an Körper, an Dinge gebunden, orientiert sich daran; alles, was wir zählen, was wir messen, sind Körper, sogar die Zeit ist nicht denkbar ohne den Raum, in dem sie voranschreitet, sie ist gebunden an das Entstehen und Vergehen, an die Bewegung der Körper im Raum, wie der Raum nicht sein kann ohne Körper — oder für uns ohne Körper nicht denkbar ist. Der Glaube also bevölkert den erkannten Raum mit seinen Göttern, die auch wieder Körper sind. Nicht Gott schuf den Menschen nach seinem Bilde, sondern der Mensch schuf sich Gott

nach seinem Bilde. Und so war der Glaube der alten Ägypter auch nicht absurd, sondern logisch, denn ihre Götter kamen aus ihrer Welt — und Anubis, der Schakal, konnte die Toten ja wirklich in die Wüste holen. Rings um dieses Land war die Wüste, war das Nichts, darüber waren die Sterne. In ein fruchtbares Gebiet inmitten des Nichts waren die Menschen gesetzt. Der Fluß und die Sonne schenkten das Leben.
Der Ägypter hatte über allem eine Verbindung zum Jenseits, sie war klar und sichtbar, sie war sogar spürbar, und er konnte ihre Wirkung sehen und lebte davon. Diese Verbindung war eine Realität — es war die Sonne. Von ihr war auch seine Todesvorstellung abhängig. Tag für Tag, Morgen für Morgen, ohne Unterbrechung, sah er die Sonne aufstehen und ihr Werk tun, und abends sah er den Tag in Nacht versinken, wenn die Sonne gegangen war. Eine andere Vorstellung von Leben und Tod konnte er gar nicht entwickeln. So wie die Sonne aufstieg, so stieg sein Leben auf, so wie die Sonne unterging, so ging sein Leben unter. Und so wie die Sonne regelmäßig wiederkehrte, sah er auch sein Leben wiederkehren. Dort, wo die Sonne hinging, dort war das Reich des Todes, dort ging auch er hin.
Segensreiche Vorstellungen müssen nicht wahr sein, und das Wahre ist oft nicht segensreich, denn es geht über menschliche Kraft. Wir erleben es heute. Und wenn wir auch nicht wissen können, wie nahe die naturwissenschaftliche Kenntnis der Wahrheit schon gekommen ist, und obgleich wir wissen, daß sie die letzten Geheimnisse niemals wird entschlüsseln können, wenden wir uns heute schon ab und fürchten uns vor noch mehr Erkenntnis, denn wie sollen wir noch mehr Verlorenheit in noch unendlicheren Weltenräumen ertragen?
Wir wenden uns ab und suchen Schutz bei den Göttern in uns vertrauter Gestalt.

DAS KOPTISCHE VIERTEL

Kein anderes Land der Erde war so früh und so vollständig christianisiert wie Ägypten, das Land auch des Alten Testamentes. Der Evangelist Markus soll die Kirche Ägyptens gegründet haben, später raubten die Venezianer seine Gebeine und wurden in seinem Namen mächtig. Auf der spätägyptischen Religion konnte Jesus seine Lehre aufbauen, seine Erscheinung wurzelt in ägyptischen Vorstellungswelten — der neue Glaube war zwar ein Umbruch, aber er veränderte nichts grundsätzlich. Die Menschen waren reif dafür.

Doch der Wechsel vollzog sich nicht kampflos. Später tobte der Streit um die rechte christliche Lehre. Das Wort «koptisch» bedeutet eigentlich «ägyptisch», so ist es schon im Talmud bezeugt.

Im Innenhof des Koptischen Museums sind wir umgeben von Trümmern, von Säulen, Kapitellen und Löwenfiguren, von verstaubten Bäumen, verstaubten Pflanzen. Die Wände des Gebäudes sind düster, verschmutzt. Doch die Fenster haben vorspringende Erker aus reichverzierten, durchbrochenen Holzgittern, hinter die man früher Wasser in Tonkrügen stellte. Indem es verdunstete, hielt es das Haus kühl.

Es ist ein großer Gegensatz (den wir auch deshalb so stark empfinden, weil wir ja fast übergangslos von einem zum anderen kommen) zwischen der ägyptischen Kunst und der Kunst der Kopten, der frühen Christen. Alle frühere Kunstfertigkeit scheint ausgelöscht und vergessen, es ist wie ein Neubeginn aus dem Nichts, oft derb, aus Dumpfheit und Armut sich emporringend, fernab der Feinheit, fernab jeden Glanzes und weit, weit entfernt von märchenhaften Vorstellungen. Nun gab es nur noch einen einzigen Gott und seinen Sohn. Die Gärten hörten zu blühen auf und wurden zu Golgatha.

Er hat etwas Ergreifendes, dieser Anfang ohne Überlieferung, dieser Entschluß, sich auf etwas ganz Neues einzulassen, weil das Alte sich nicht mehr als hilfreich erwies. Es hatte sich abgebraucht, seine Leere hatte sich gezeigt, zu lange glaubte man schon, und nichts hatte sich zum Guten gewendet. Man mußte im Verborgenen beginnen, bedroht von Verfolgung. Man konnte die erfahrenen, die guten Künstler nicht beschäftigen, nicht nur weil

man arm war, sondern auch weil diese den Mut nicht hatten, für das frühe Christentum zu arbeiten.
Wenn wir auch der großen christlichen Kunst hier nicht begegnen, so stehen wir doch an ihrem Beginn. Byzanz läßt sich ahnen und auch die Romanik. Ja sogar die Moderne fand hier Anregungen, man glaubt frühe Übungen von Picasso zu sehen oder Entwürfe von Klee.
Die Kopten verstehen sich als die wahren Nachkommen der alten Ägypter, der Pharaonen. Die Araber, die heutigen Bewohner des alten Stromlandes, haben eigentlich nichts mit ihnen zu tun, es besteht hier keine Verbindung. Mir war dies auch neu, ganz selbstverständlich sah ich in ihnen und in den Fellachen am Nil ihre Kinder und Kindeskinder. Aber die Araber sind, so sonderbar uns das heute erscheinen mag, von den frühen ägyptischen Christen, von den Kopten, zu Hilfe gerufen worden gegen ihre eigenen Glaubensbrüder, genauer gegen Byzanz, unter dessen Herrschaft sie nach der Teilung des Römischen Reiches kamen.
Die Araber blieben, und einige der frühen Kopten traten zum Islam über, so verlor sich ihre Spur. Die echten Kopten sind heute eine Minderheit, und mir kommt unser Bordoffizier von der Egypt-Air in den Sinn, wie er sagte: «Ja, ich habe Schwierigkeiten, die Moslems sind fanatisch, aber was soll ich machen, es ist mein Land!» Dieses «Es ist mein Land!» versteht man so vielleicht etwas besser.
Ein Weg durch enge Gassen, die nach Rauch und Knoblauch duften, zur Kirche St. Sergius (Abu-Serga). Ihre Fassade ist längst in der Enge der Gasse verschwunden, sie liegt tief, wie eingesunken unter dem Straßenniveau. Hier, in dieser dunklen Krypta, soll die Heilige Familie auf ihrer Flucht nach Ägypten einen Monat gewohnt haben. Es ist sehr düster in der Kirche, man spürt die Armut.
Armut ist auch um die Synagoge. Ein schielender Händler versucht uns hartnäckig Kopftücher und Stirnbänder zu verkaufen. «Nein? Dann Schuhlöffel oder Reitpeitschen! Oder Geld: Wechsel, Change!» Ein winziges Mädchen im schwarzen Kleid jammert nach der Katze, die Frau Inge auf den Arm genommen hat. Die Kleine ist verzweifelt. Auch ihre Mutter trägt tiefschwarze Kleider, sie ist schön, freundlich, hat flinke dunkle Augen.

Als das Mädchen die Katze wiederbekommen hat, ist sofort Frieden, nur der Händler hört nicht auf, seine Waren anzupreisen.
In der Synagoge zeigt man uns Handschriften des Alten Testaments in Rollen. Düster, staubig ist es auch hier, von der Decke hängen Ampeln, blind gewordenes Metall, flackernde Lämpchen. Irgendwo in dieser Gegend, wo früher der Nil floß, soll Moses im Binsenkörbchen ausgesetzt worden sein. Wäre er das nicht, wäre er vielleicht Pharao geworden, so aber wurde er zum Führer und Gesetzesbringer der Juden, von hier bis zum Berg Sinai, wo Gott ihm die Zehn Gebote diktierte, führt auch unser Weg.
Es wird uns bewußt, wie sehr wir in Ägypten nicht nur auf dem Boden der Pharaonen stehen, sondern auch auf biblischem Grund. Die Bilder aus meinem Religionsbuch kommen mir in den Sinn mit den uralten Männern und ihren langen Bärten, von denen so eine düstere, drohende Hoheit ausging, auch das Binsenkörbchen war abgebildet und die Schilfbüschel, zwischen die es ins Wasser gesetzt wurde.
Es fällt mir trotzdem schwer, eine Verbindung herzustellen. Der Mythos und der Ort liegen zu weit auseinander, und mehr als «Hier war es also!» vermag ich nicht zu denken. Jahrtausende sind dazwischen, die Wahrheit von damals ist nicht mehr die unsrige, wie auch die Welt von damals nicht mehr die unsrige ist.
Alles hat sich verwandelt, und es verwandelt sich weiter, noch während ich dies denke.
Das Kind mit der Katze und seine Mutter sind verschwunden, auch der Händler hat aufgegeben, er läuft einer neuen Gruppe entgegen, hält die Stirnbänder hoch, läßt die Reitpeitschen pfeifen.
In den Hauseingängen, gleich hinter den Türen, sitzen die alten Frauen, schwarzen Zauberinnen gleich, auf Stühlen, Schemeln, abgeschabten Sofas. Sie lugen hervor und schwatzen.

DAS ISLAMISCHE VIERTEL

Im Jahr 640 eroberte Amr Ibn el-As, der Feldherr des Kalifen Omar, Ägypten. Er beendete die byzantinische Herrschaft, und von da an gehörte das Land dem Orient. Der Islam breitete sich aus, das Christentum wurde verdrängt, bestenfalls geduldet. Es begann eine Zeit blutiger Wirren und Kämpfe, die Herrschergeschlechter lösten einander ab, neue Ordnungen wurden geschaffen und zerstört, es entfalteten sich aber auch orientalische Pracht und Farbigkeit. Moscheen, Paläste und Koranschulen, islamische Universitäten, Zitadellen, Minarette und Kuppeln entstanden. Arabisch wurde Landessprache — das Land änderte sein Gesicht, es erhielt ein neues: neue Sitten, neue Gedanken, neue Formen und eine neue Religion. Umfassender konnte eine Veränderung nicht sein. Sie war einschneidender als jede andere zuvor — weder die Griechen (also die Ptolemäer) noch die Römer, noch die Christen (also die Kopten und die Byzantiner) hatten das Bild Ägyptens gründlicher gewandelt. Und so ist es geblieben, es ist im wesentlichen das heutige und wird erst jetzt, nach und nach, durch die alles nivellierende moderne abendländische Zivilisation verdrängt.

Von dem Reichtum der islamischen Kunst gibt das Islamische Museum nur einen blassen Eindruck, obwohl es das bedeutendste seiner Art in der Welt ist. Für uns sind es Blitzlichter, rasche Eindrücke: hierhin, dorthin, hinein und wieder hinaus mit müdem Rücken, schmerzenden Beinen. Holzarbeiten, Fenster, Brunnen, Teppiche, Vasen, es ist still hier, wenige Besucher, dafür wird in allen Sälen geputzt, gescheuert, dunkelhäutige Nubierinnen knien neben den Eimern auf dem Boden, ihre nackten Fußsohlen leuchten hell.

Und doch bleibt alles schmutzig.

Im Innenhof der Ibn-Tulun-Moschee wächst eine schüchterne Dattelpalme aus dem Kies. Die Moschee el-Ashar, «die Glänzende», ist das spirituelle Zentrum des Islams. Hier sind weite, im Dämmer des Glaubens schweigende Räume, Lampen flimmern matt zwischen den Bögen, Männer sitzen oder liegen in langen Gewändern auf den Geflechten — alle sind sehr ruhig, fast unbewegt, wie ermattet vom Tage, vom Glauben, vom Gebet.

Im Sommer sollen so viele Studenten hier sein, daß sie im großen Hof schlafen müssen. Ein sowohl faszinierendes als auch beklemmendes Bild: Tausende von Jünglingen, Galabeja neben Galabeja, ein Teppich aus Menschenleibern, Gemurmel, Gebete, umgeben von dunklen Säulen, die fortschwingen von Bogen zu Bogen, darüber das Minarett, das mit seiner Spitze in den Himmel ragt, der wie ein dunkles Gewölbe ist, geschmückt mit tausend funkelnden Diademen und inmitten vielleicht noch das Strahlenschiff des schwebenden Halbmonds.
Gleich neben el-Ashar liegt die älteste Karawanserei Kairos. Auch dieser Hof ist jetzt still, er muß einmal vom Murren der Tiere widergehallt haben, vom Schreien der Treiber, während nachts die Märchenerzähler Reichtum, verschwiegene Liebe, Männertreue und Zauber beschworen. Die Fenster verbergen sich rätselhaft hinter den braunen Schleiern kostbarer Holzgitter. Früher waren dort oben die Gemächer, unten im Hof die Läden der Händler, die den Reisenden ihre Waren feilboten und selbst von ihnen kauften.

In der Moschee

Ich möchte einmal bei ihnen gewesen, gelassen zwischen den liegenden, kauenden Kamelen mit den müden Lidern herumgewandert sein, zwischen den Männern, deren dunkle Gesichter unter den weißen Kopftüchern wie aus Ebenholz geschnitzt waren.
Und vielleicht hätte mich dann der Blitz eines Augenpaares getroffen, nichts als dieser Blitz durch den Schleier, unter dem das Gesicht verborgen liegt — und er hätte mich ruhelos gemacht, Jahre um Jahre.
Wir schlendern durch enge Gassen. Es riecht, es duftet, der ganze Reichtum an Gemüse aus dem Fayum ist hier ausgebreitet, stapelt sich auf Wagen, Holztischen, Brettern, in Kästen unter freiem Himmel oder unter Sonnensegeln: Geschrei, Erregung, Geschwätz und Lachen, Handeln, Feilschen, Gespräche.
Männer träumen vor ihren Läden, Frauen wehen vorbei in schwarzen, schleierartigen Kleidern, unter schwarzen Kopftüchern. Hagere, grauhaarige Greise teilen, mitten in der Menge, aus großen silbernen Kannen Kaffee aus.
Die Gerüche beißen in der Nase: Ingwer, Pfeffer und Pfefferminz, Safran, Knoblauch und Zwiebel — ein Reiz zum Niesen. Noch hat unsere Zeit hier nicht alles verändert, der Tag ist bunt geblieben, chaotisch, schäumend und sogar ehrwürdig.
Doch dann geht es ohne Übergang in den so gepriesenen Basar Chan el-Chalili. Hier werden wir nur als Souvenirkäufer betrachtet, es ist lästig, unnötig und ermüdend. Bis wieder ausgehängte Türen als Sonnensegel über uns liegen, von Fenster zu Fenster Schatten spendend, neben Segeltüchern, die zerfetzt herabwehen. Da ist der Alltag wieder, das Leben — mit Gemüse, Früchten, Geflügel in Körben, Lederwaren, Silber, Gold und Messing, Schalen, Krügen und Tellern im Überfluß.
Die Fassaden bröckeln, der Staub flimmert im Licht.
Die Sultan-Hasan-Moschee soll die größte Koranschule sein. Man tritt in den quadratischen Hof unter Stalaktiten, ist umgeben von vier gewaltigen Tonnengewölben, in denen Lampen an langen Ketten hängen und träumend schwanken. Darunter knien betende Männer. Ein achteckiger Waschbrunnen steht in der Mitte, einst war seine Kuppel blau, die Zeit hat sie farblos gemacht.
Die nächste Moschee, er-Rifai, bietet uns ein wenig Erholung. Wir scharen uns, sitzend, in der Mitte des Teppichs um Frau

Inge, über uns düster das hohe Gewölbe, wie verstaubt von den unzählbaren Gebeten, die hinaufstiegen, Jahrzehnt um Jahrzehnt, und irgendwo geblieben sein müssen; die sich auf den Wänden niederließen, eines über das andere: der Staub menschlichen Flehens um Gnade, Glück, Erlösung und Seligkeit.
Der schwarze Ring des riesigen Leuchters schwankt über uns im Zugwind, wir blicken mit einem gewissen Bangen zu ihm empor.
Frau Inge plaudert über den Sultan Mohammed en-Nasir, den prunkliebenden Fürsten der Mamelucken, der die große Moschee auf der Zitadelle erbauen ließ, die wir nicht besuchen können, da sie wegen des Ausnahmezustandes nach der Ermordung Sadats gesperrt ist. Frau Inge sagt «Mochamad» mit kehligem ch.
Man erzählt, daß die Mutter Mohammed en-Nasirs eine tartarische Prinzessin gewesen sei, aus der «Goldenen Horde» der Mongolen, die im vierzehnten Jahrhundert auch Ägypten bedroht hätten. Vielleicht war sie wunderschön, vielleicht war es nur eine Vernunftheirat, jedenfalls soll die Moschee von ihr das andersartige, charakteristische Minarett haben, die blau-, grün- und weißglasierten Hauben — künstlerische Launen einer kapriziösen, fremden Frau. Wir betrachten die Zitadelle durch ein vergittertes Fenster im Abendlicht.
Es weht ein Duft von Weihrauch, von Gewürz zu uns herüber, dann führt uns ein Invalide mit der Krücke unter der rechten Achsel und schlaff herabhängendem rechtem Bein zu den Gräbern des Vizekönigs und Königs Fuad, dem Vater des skrupellosen Faruk. Es sind riesenhafte Steinsarkophage.
Wir wissen später nicht recht, was wir eigentlich alles gesehen haben und in welcher Reihenfolge, wir wären gern länger in der Stadt, unter den Menschen gewesen, aber die Stadt ist keine «Sehenswürdigkeit».
Alles flog vorüber, Zeiten, Namen, Gebäude, Geschichtsepochen, Fremdes, nie Gehörtes, nie Gesehenes, Schicksale, Blut, Tränen, Kampf, Verrat und Mord.
Einige Bilder sind geblieben — aber vermag man sie noch einzuordnen?
Man sieht viel und verliert es aus den Augen: Besichtigungen.

IM NATRONTAL Gelb flimmert die Luft, die Wüste dehnt sich zu beiden Seiten der Straße ins Unendliche aus. Der Übergang aus der Stadt mit ihren letzten blühenden Gärten, den letzten Bäumen ist hart, ein Schnitt. Rückwärts denkend empfindet man Kairo wie eine Oase, ist gerührt ob dieser überquellenden Stadt, die so ausgesetzt erscheint, so bedroht.

Die Wüste in Richtung Mittelmeer prunkt nicht mit Formen, wirft sich nicht auf, macht keinen Kulissenzauber mit Sanddünen, Felsformationen, Säulen, Tälern und Abstürzen, sie begnügt sich mit sanften Hügeln, über die der Schatten des Wagens dahinspringt. Die Sonne steht noch tief, es ist früher Morgen. Im Norden, über dem Meer, türmen sich Wolken auf, Botschafter des Regens, der Fruchtbarkeit. Aber sie lügen, es regnet nie. Nur kleine grüne Büsche, gewölbt wie die Rücken von Schildkröten oder von struppigen Igeln, wachsen in Mulden, sind Lebenspunkte.

Entlang der Straße und quer durch die Wüste laufen Strom- und Telegrafenleitungen. Wir sind nicht am Ende der Welt, und doch kann man sich wie in einem Zwischenreich fühlen. Es wird sehr heiß, sehr stickig im Bus.

Schlangen soll es hier geben, Wüstenfüchse und Schakale, aber sie halten sich versteckt.

Mit dem Fortschreiten der Zeit belebt sich der Himmel, die Sonne fliegt durch die Wolken, das Licht spielt, wechselt — kein Schauspiel auf Erden, dafür in der Höhe.

Früher, vor Millionen von Jahren, war hier das Meer. Noch findet man versteinerte Bäume der ehemals riesigen Wälder am Rande der Einöde. Zahllose kleine Salzseen sind übriggeblieben. Aus dem Natrontal, dem Wadi Natrun, holten die alten Ägypter das Salz zum Einbalsamieren ihrer Toten. Wahrscheinlich hätte die ägyptische Kultur, die nur mit dem Totenkult denkbar ist, ohne dieses Tal ein ganz anderes Gesicht bekommen.

Heute beginnt hier eine neue Ära. Moderne Bewässerungsanlagen machen Landstriche fruchtbar, neue Anbauflächen entstehen, genügsame Eukalyptusbäume wachsen, die auch Wasser aus der Luft aufnehmen können. Wir fahren an schütteren, dünnbegrünten Laubbäumen bizarrer Formen vorbei, an einer «Friedens-

farm», aber auch an würfelförmigen Hütten aus rostendem Wellblech, die wie rotbraune Tupfer aussehen. Kies und Bausand wird abgebaut, wir sehen viele beladene Lastwagen, aber keine Kamele. Doch, eines, aber es ist aus Plastik, eine Werbung für Camel-Zigaretten, neben Coca-Cola- und Seven-up-Reklamen.
Und immer wieder Militärstationen.
Der Bus biegt links ab, nach Westen, scheinbar ins Verlorene hinein, nicht nur, daß der Wagen auf der Schotterpiste gefährlich schaukelt und nur im Schritt voranwankt, das Fehlen des Asphaltbandes der Straße erzeugt auch ein Gefühl des Ausgesetztseins, der Verlassenheit. Es ist, als ob man ins Nichts fahren würde.
Doch bald liegt das Kloster vor uns, es erhebt sich aus der Todesöde, eine Trutzburg, umgeben von einer hohen Mauer und überragt von einem Kirchturm, sandfarbig wie die Wüste, ihr abgerungen.
Einen Kilometer davor das Pförtnerhäuschen, inmitten von Kiefern. Es wird angefragt, ob wir passieren dürfen, wir werden erwartet, fahren vorbei an Gartenanlagen, an Zuckerrohr, Oliven, Wein und Feigen, an artesischen Brunnen, Wasserleitungen und Klee.
Das Wasser ist klar, eine Kostbarkeit.

DAS ST.-MAKARIOS-KLOSTER

Wir warten vor der glatten Mauer. Sie ist haushoch, wir sind winzig, wir fühlen uns ausgesetzt vor dieser Festung, und eine solche war das Kloster ja auch über Jahrhunderte.

Jetzt, im Schatten, spüren wir, wie kalt der Wüstenwind ist, er trägt feinen Sand mit sich, der beißt und schneidet. Das Licht ringsum ist fahl, wie giftig, doch so absolut, so ausschließlich. Über uns ist der Kosmos, der Weltenraum ohne Leben, und die Wüste ist sein irdischer Spiegel.

In der schweren, dunkelbraunen Holztür knirscht der Riegel, die Pforte öffnet sich und damit die Geborgenheit. Der Klosterbruder lächelt, er hat ein dunkles, gütiges Gesicht, von einem Bart umrahmt, er trägt ein schwarzes Käppchen, eine schwarze, lange Kutte.

Er läßt uns ein und heißt uns willkommen wie liebe Gäste, wie lang erwartete Besucher, dabei müssen wir doch eher lästig sein in diesem weltabgeschiedenen Klosterfrieden.

Wir treten in den Garten, der die Kirche, den Wehrturm und die Gebäude auf das Tröstlichste umgibt. Ein größerer Gegensatz als der zwischen diesem Drinnen und diesem Draußen ist kaum denkbar, und wir bekommen eine ferne Ahnung davon, was die Klöster auch bei uns, im frühmittelalterlichen Europa, einmal waren: in die Wildnis der Wälder und unfruchtbarer Gebiete vorgeschobene Posten der Kultur.

Der freundliche Bruder bewirtet uns mit Wasserkakao in einem einfach eingerichteten Raum, wir sitzen aufgereiht an den Wänden, es ist kühl, wir genießen das, und so erfahren wir etwas von der Geschichte dieses Klosters.

Es ist im Wiederaufbau. Vor einiger Zeit gab es nur noch sechs alte Mönche, und alle Gebäude waren vom Sand begraben. Aber heute wirkt hier ein sehr tüchtiger Abt, er hat Beziehungen zu den Benediktinern in aller Welt, und die Mönche bekommen Spenden, Sadat schenkte ihnen Land, das sie kultivierten. Sie gruben das alte Kloster aus dem Wüstensand und erneuerten die Mauer. Seit 1960 vermehrt sich die Zahl der Mönche, die meisten kommen aus dem Fayum, der fruchtbaren Halboase südwestlich von

Holztür des St.-Makarios-Klosters

Kairo. Nun sind es wieder achtzig Brüder, und das macht sie froh.
Drei Jahrhunderte lang, nämlich von 325, als Konstantin der Große Ägypten zur Diözese machte, bis 640, als Amr Ibn el-As Ägypten eroberte, war das Christentum Staatsreligion. Dann begannen die Verfolgungen, und die Christen suchten Zuflucht in der Wüste des Wadi Natrun. Hier liegt der Ursprung klösterlichen Lebens, ja der Idee des Klosters überhaupt. Die Klöster der Welt haben hier ihre geistige Wurzel.
Zu allen Zeiten waren die Mönche sehr arm, viel ärmer als heute, ihr größter Schatz waren die alten Schriften. Napoleon hat sie alle gekauft — ein Räuber, aber einer mit Verstand.
Auch heute noch führen die Mönche ein sehr spartanisches Leben. Sie stehen um zwei Uhr morgens auf, beten, arbeiten den ganzen Tag, wohnen in Einzelzellen und unterhalten ein Hospital für die Opfer der vielen Verkehrsunfälle auf der Wüstenstraße zwischen Kairo und Alexandria.
Der Bruder führt uns durch die weite, burgartige Anlage, durch die alten, engen Räume, zeigt uns, wie hoch der Sand gelegen hat, und führt uns zu der Zedernholzkiste, in der die Gebeine des heiligen Makarios ruhen.
Wir wandern unter Pergolen, entlang an Kasuarinen, Bäumen wie Schachtelhalmen, sind umhüllt vom süßen, schweren Duft des Jasmins und essen würziges Brot aus der Bäckerei des Klosters.
Nein, bezahlen dürfen wir nicht, wir sind Gäste.
Aber natürlich gibt es ein Kästchen für Spenden, und es gibt Bücher und Postkarten zu kaufen. Wir sind alle beeindruckt, empfinden beschämt die einfachere, aber substantiellere Einstellung, eine viel tiefere, innere Festigkeit, eine große Ruhe, fernab der Hektik unseres Lebens. Wie viele von uns tragen wohl den Wunsch nach klösterlichem Leben und Geborgenheit in sich? Auch wir fühlen uns oft von Wüsten vielfältiger Art umgeben, es können auch Wüsten des Lärms und der Unruhe sein, Bedrohungen einer Wirklichkeit, die wir nicht mehr durchschauen und vor der wir uns hinter hohen Mauern schützen möchten: den eigenen, den kleinen Garten unseres Selbst, der allzuoft auch nur noch in der Sehnsucht besteht.

ALEXANDRIA

Weiter nach Alexandria, weiter durch die Wüste, brütende Hitze, noch anderthalb Stunden, es geht auf Mittag, einige schlafen im Bus. Man spürt, daß man in eine Stadt kommt. Der Verkehr auf der Wüstenstraße wird lebhafter, Wassertürme, in den Sand gebaute Rundsiedlungen tauchen auf, deren graue Hausblöcke kaum von den Sandhügeln zu unterscheiden sind. Vororte vom Reißbrett.

Dann erste grüne Felder, Wäldchen, Taubenhäuser und Radartürme. Die Straße windet sich durch eine Lagunenlandschaft, Schilf im Wasser, der Himmel, das Licht spiegeln sich darin, und darüber ein Segelflieger.

Alexandria präsentiert sich heiter, Europa ist hier noch näher als in Kairo, Villen aus der erloschenen Zeit bürgerlicher Repräsentation stehen in verwilderten, wuchernden Gärten. Zwar bröckeln Putz und Farben, aber das ist in Italien nicht anders, es gehört zum Mittelmeer. Alexandria hat von vielen Städten ein wenig, etwas von Neapel, sogar etwas von Florenz, etwas von einem Neu-Venedig und auch etwas von Nizza.

Die engen Straßen, die rechtwinklig aneinanderstoßen, hängen voll Wäsche, alles ist sehr heiter, Menschen, Menschen — ein Markt der Stoffreste auf dem Bürgersteig, er macht alles bunt, leuchtet von Farben. Wie gern stiege ich aus, doch das Programm duldet es nicht. Wir steigen hinab in die Düsternis der Katakomben. Im ersten nachchristlichen Jahrhundert hat man sie drei Stockwerke tief in die Erde gegraben, aus dem Fels gehauen, aber es ist keine christliche Begräbnisstätte, es ist ein Apisheiligtum mit einer Rotunde und zwei Sargkammern. Hier unten im Düster-Beklemmenden ist die Bildung (wir sind ja auf einer Studienreise), draußen ist das Leben.

Ich fliehe vorzeitig. Am Eingang stehen wacklige Tische an der Mauer, ein winziges Café. Unser Busfahrer lacht, er lädt mich zum Tee ein, ich setze mich zu ihm und erhasche so wenigstens einen Blick in die Gassen. Die Männer ringsum sind freundlich, nur Männer natürlich, sie fragen, wo ich herkomme. «Oh, Germany!» — «Rommel!»: Das ist wie eine Umarmung.

Weiter wie im Flug. Die Pompejussäule wächst aus einem Hügel steil und schlank empor, ein Ausrufungszeichen, immer umspielt vom Wind, gebadet in Glanz und Licht, uns kühn entrückt, fast hochmütig. Das muß sie wohl sein, denn anders könnte sie sich nicht behaupten im tosenden Hupkonzert, in Staub, Kindergeschrei, im Schall der herwehenden Menschenstimmen, eingerahmt von den gelbgrauen und gelbgrünen flachen Häusern der Stadt, die unter ihr liegt, getrennt durch eine kleine Insel aus Bäumen und Bougainvillea.

Es ist niemals still um diese Säule aus rotem Assuangranit mit dem korinthischen Kapitell, vor der die kleinen, glattrasierten Sphingen lagern, aber sie selbst wirkt so still, weil sie sich an nichts beteiligt.

Theodosius hat sie 391 als Zeichen des Triumphs des Christentums errichten lassen. Mit Pompejus hat sie nichts zu tun, ihr Name entstand durch einen Irrtum, als Kreuzfahrer hier das Grab des Pompejus vermuteten.

Wir essen köstliche frische Krabben in einem Restaurant unweit der Corniche. Diese Straße an der Bucht zieht sich kilometerweit hin, das Meer strahlt so blau, wie man es sich nur vorstellen kann, Fischerboote ankern nahe der Furt, alte Männer flicken auf der Mauer ihre Netze, fern, wie ein Scherenschnitt vor der nach Westen sinkenden Feuersonne, liegt eine Kette von Gebäuden, aus der die Kuppeln und Minarette der Grabmoschee des Abu'l Abbas-el-Mursi herausragen — zarte Spielereien eines Kunstschmiedes.

Ich möchte wissen, was die alten Ägypter gedacht haben, wenn sie an dieser Stelle standen, wo damals keine Stadt war, sondern Meer; wenn sie sahen, daß die Sonne, ihr Gott, nicht nur in der Wüste unterging, sondern hinausflog über das Wasser, über das Element, von dem sie glaubten, daß es sich auch über den Himmel spanne. Deshalb gaben sie ihren Verstorbenen auch Schiffe mit zum Durchqueren der blauen Flut, wie der Gott selbst den Himmel durchfuhr, in der Morgen- und der Abendbarke.

Wurden sie da nicht irre an ihrem Glauben?

Immer ist es eine neue Erfahrung, die den Glauben verändert, ein Sehen in weitere Räume.

Auf den Bürgersteigen umkreisen uns junge Invalide, fast Kinder noch, auf selbstgebastelten Holzwägelchen, ohne Beine, betteln, bieten Kaugummi an — ein Bursche reckt demonstrativ seinen Armstumpf an der entblößten Schulter.

Frau Inge möchte nicht, daß wir sie beachten. Sie entziehen sich den staatlichen Hilfsorganisationen, die für sie sorgen würden, nicht nur mit Kleidung und Essen, sondern auch mit Beschäftigung, Arbeit. Aber sie betteln lieber, denn das ist abwechslungsreicher. So sind sie auf der Straße und unter Menschen, sind ihre eigenen «Unternehmer».
Frau Inge hat auch eine Wohnung hier, in die sie sich im Sommer, in der heißesten Zeit, aus Kairo zurückzieht.
Noch ein kurzer Gang am Wasser, Wellen, Fotos, das Fort — dann Rückkehr nach Kairo. Im Abendlicht fahren wir auf einer anderen Straße durch das fruchtbare Delta. Da oder dort zieht ein Segel vorüber, die Bäume werfen lange Schatten, Wasserbüffel stehen kauend an schmalen, geraden Kanälen, junge Reispflanzen sprießen — Zuckerrohr, Baumwollballen, Palmwedel. Es gedeiht alles nur denkbare Gemüse, man kann es nicht aufzählen, einfacher ist es zu sagen: Nur Ananas und Kokosnüsse gibt es nicht.
Bauern auf Eseln streben nach Hause, in den grünen Baumwollfeldern sind die bunten Kleider der Frauen wie Blüten, von überall winkt man uns zu, der große, rote Ball der Sonne liegt auf dem Horizont, sogar die Plastikschüsseln auf den Köpfen der Trägerinnen leuchten und werden kostbar.
Frieden, Sattheit, Behagen.
Wir durchqueren zahllose Dörfer, sehen Zelte, in denen sich Freunde und Angehörige der Verstorbenen versammeln, um zu klagen und ihr Beileid auszudrücken.
Es dauert lange, bis wir in Kairo ankommen. Es ist sehr spät, alle sind übermüdet.
Shaofang leidet unter einem Juckreiz an der Hüfte. Ist es nur eine Allergie, vielleicht von den Krabben? Wir fassen uns ein Herz und konsultieren einen stillen, liebenswürdigen deutschen Mediziner aus unserer Gruppe. Er war einmal Chefarzt für innere Medizin, nun praktiziert er, bald siebzig, nur noch privat. Es ist leider keine Allergie, sondern ein Herpes, eine bakterielle Infektion, die schlimm werden, sich zu einer schmerzhaften Gürtelrose entwikkeln könnte — vielleicht müssen wir die Reise abbrechen. Wir suchen in den Apotheken nach Medikamenten, doch es gibt nicht, was der Arzt verordnete.

Frau Inge meint: «Ihr Europäer schnappt euch immer etwas, Ihr seid einfach zu empfindlich, zu degeneriert, habt kaum noch Abwehrkräfte. Aber wir kriegen das schon hin.»
Wir machen uns Sorgen.

Alexandria

PAPYRUS Nahe bei den Pyramiden von Gizeh gibt es die Läden der Papyrushersteller — für uns Touristen. Ein Besuch von «Karnak-Papyrus» gehört zu unserem Programm, das Geschäft liegt an einem schwarzbraunen Kanal, in dem sich die Bäume spiegeln.

Als wir eintreten, werden sofort die Neonlampen eingeschaltet. Im sauberen, mäßig großen Innenraum sind rings an den Wänden die bunten Blätter zu bestaunen, Malereien auf Papyrus in verschiedenen Größen, mit Nummern versehen. Sprachkundige Mitarbeiter heften sich an unsere Fersen, den Bleistift auf dem Block im Anschlag.

Die Blätter zeigen auf bilderbuchbunte Weise die ehrwürdigen Motive aus den Gräbern, aus dem Ägyptischen Museum: Anubis, der schlank und rassig dem Toten entgegenwittert; die Himmelsgöttin Nut, die sich dunkelblau über die Erde beugt, mit Füßen und Händen den Boden berührend, den Leib über den Himmel gespannt; die Gänse von Maidum, immer wieder und in allen Größen; die kuhohrige Hathor mit den schlanken Hörnern, Liebesgöttin und Göttin des Tanzes; Thoth, der die Protokolle führt; Osiris und Isis und der Falke Horus, die Inkarnation des Königs, der Herr des Himmels mit der Doppelkrone Oberägyptens und Unterägyptens.

Im kleinen ist hier die Mythologie aufgeblättert, ein wenig grell, aber sehr genau, sehr sauber gezeichnet.

Man zeigt uns die Herstellung des Papyrusblattes aus dem Stiel der Papyrusstaude, rasch, in den wichtigsten Phasen: Die Ägypter entrindeten das Stengelmark und schnitten es in längliche Streifen, von denen sie mehrere Lagen jeweils rechtwinklig, gleich einem Geflecht, übereinanderlegten, leimten, preßten und trockneten. So fertigten sie «Bücher» und Rollen bis zu dreißig Meter Länge. Sie befreiten die Schrift von den schweren Stoffen, von Ton und Stein, und schufen dabei gleichzeitig die ästhetischsten Schriftzeichen der Welt — Bild und Laut — die Hieroglyphen.

Der Schrift verdanken wir — wohl noch mehr als der Sprache — die Entwicklung des Denkens und den Reichtum der Kultur. Dem Papyrus verdanken wir auch, daß die Werke des griechischen Geistes nicht verlorengingen, und wäre die Bibliothek von Alexandria nicht in Flammen aufgegangen, so wären wir unendlich

viel reicher an Wissen über unsere Vorgänger auf dieser Erde, reicher an Werken der Kunst und der Wissenschaft.
So groß waren die Bestände an Schriftrollen, daß sich ein griechischer Philosoph bei ihrem Anblick das Leben genommen haben soll, weil es ihm unmöglich erschien, jemals alle zu lesen, geschweige denn, alles darin Aufgeführte zu wissen.
Wir bringen uns nicht mehr um, weil wir nicht mehr lernen können, was die Welt an Wissen inzwischen erworben und gespeichert hat, eher wenden wir uns gleichgültig ab, so unermeßlich viel ist es geworden. Wir haben erfahren, daß jedes Mehr an Erkenntnis auch die Rätsel vergrößert.
Das ganze alte Land Ägypten müssen wir uns wie von Papyrusstauden überwuchert vorstellen, zumindest die Sümpfe des Deltas, als ein Dickicht voller Vögel und Insekten, das schönste Jagd- und Fischereirevier.
Aber vor allem war die Papyrusstaude nützlich und fast unerschöpflich anwendbar. Man aß die Wurzeln, gewann süßen Saft aus den Stengeln, Dochte aus dem Mark, man benutzte die Rinde für Segel und Schuhe, für Taue und Körbe — sogar die Schreibgriffel und die Tinte gewann man aus dieser Pflanze.
Während wir aussuchen und einkaufen, sitzt Frau Inge so ermattet wie zufrieden, gleich einer Glucke, die ihre Küken gut untergebracht weiß, im Büro und läßt sich vom wuchtigen, lebhaften Chef mit Tee bewirten und hofieren, denn ohne sie geht nichts für ihn, und wenn er ihr mißfällt, führt sie ihre Gruppe ein anderes Mal zur Konkurrenz.
Als wir den Laden verlassen, um in den Omnibus zu steigen, schenkt unser Fahrer Shaofang einen kleinen Skarabäus. Er liegt grau und zierlich auf seiner Hand. Er tut es mit verstohlener Galanterie und freut sich. Vielleicht kam es ihm gerade so in den Sinn, vielleicht macht er es oft so.

KARANIS — UND DAS FEST DER BASTET

Betonstraße: hundert Kilometer Wüste liegen vor uns. Alles ist ockergelb, übersät mit kleinen Steinen, Dürre, Trostlosigkeit.
Aber keine Einöde, es kommen uns Lastwagen mit Früchten entgegen, wir überholen andere mit Baumaterial.
An einer Kontrollstation werden wir aufgehalten, rot bemalte Ölfässer, an denen die Farbe abblättert, versperren die Straße. Soldaten rauchen, sind lässig, braun uniformiert, haben ihr Gewehr über die Schulter gehängt.
Es gibt ein langes Palaver von Fahrersitz zu Fahrersitz, ein Papier wird vorgezeigt, wir werden gemustert, geben uns unbeteiligt, harmlos, die Fässer rollen, die Straße ist frei, die Wüste flimmert, sie schwebt unter dem Himmel, keine Vegetation.
Auf halbem Wege liegt die Ruinenstadt Karanis, in ptolemäischen Tagen von den Griechen gegründet.
Wir wandern eine sanfte Anhöhe hinauf, Sand weht um unsere Füße, wir gehen wie auf einer Düne. In kleinen Lehmhäusern wohnen Araber, die Rocksäume der bunten Galabejas flattern ihnen um die Knöchel. Sie schauen uns unbeteiligt an — und dann in die Weite.
Je höher wir kommen, desto heftiger wird der Wind, Sandstaub fliegt und singt im uralten Lied vom Vergehen alles Lebendigen. Es ist ein so eintöniger und gleichförmiger Ton, wie ihn Araber singen, eine Folge des immer Gleichen. Es wird noch tönen, genauso, wenn an uns Menschen keiner mehr denkt und uns keiner mehr zuhört.
Das Dorf, das vor zweitausend Jahren hier stand, ist nun eine zerklüftete Landschaft, Hügel und Senken und Mauerreste. Formen in der Farbe des Sandes. Hier baute man die Häuser stets in den Sand, niemals auf kostbares, fruchtbares Land.
Wir brauchen uns nur zu bücken, um Tonscherben zu finden. Wir drehen sie in den Händen, sind sie wirklich aus alter Zeit? Sie knirschen unter unseren Füßen, zerbrechen — wir laufen auf ausgelebtem Leben, auf Dingen, die in Wohnungen standen, die von Menschen gebraucht, vielleicht begehrt, vielleicht geliebt wurden, um die man feilschte und handelte.

Die Ruinen sind ein Ornament aus Schattenmustern, geometrischen Linien, Flächen, Winkeln, ein Spiel der Sonne. Sie zelebriert es mit unendlicher Geduld, nichts bewegt sich für unsere Augen, und doch fließt so die Zeit, nimmt uns mit sich. Nichts steht still, während alles zu ruhen scheint.
Wir haben Staub in den Augen. Kleine, schlanke Hunde schlafen auf dem Sand. Wenn wir uns nähern, heulen sie auf und rennen davon.
Am Horizont schimmert dunkel ein grüner Strich: die Oase Fayum, die üppige Ebene, ein gelobtes Land.
Vor dem Museum wachen Soldaten, «bedeutende» Männer und Araber, deren dunkle Gesichter noch dunkler wirken durch das weiße, nachlässig gewickelte Tuch.
Das Museum ist ein kleines, aber nobles Haus. Der Raum schlingt sich in Form eines Hufeisens um leuchtende Vitrinen, die Perükken mit zu Spiralen gedrehten Haaren präsentieren, Tonvasen, Glasfläschlein und buntbemalte Särge, Schmuck aus Lapislazuli, ein Horusfalke, Goldmünzen aus der Römerzeit, ein Skarabäus.

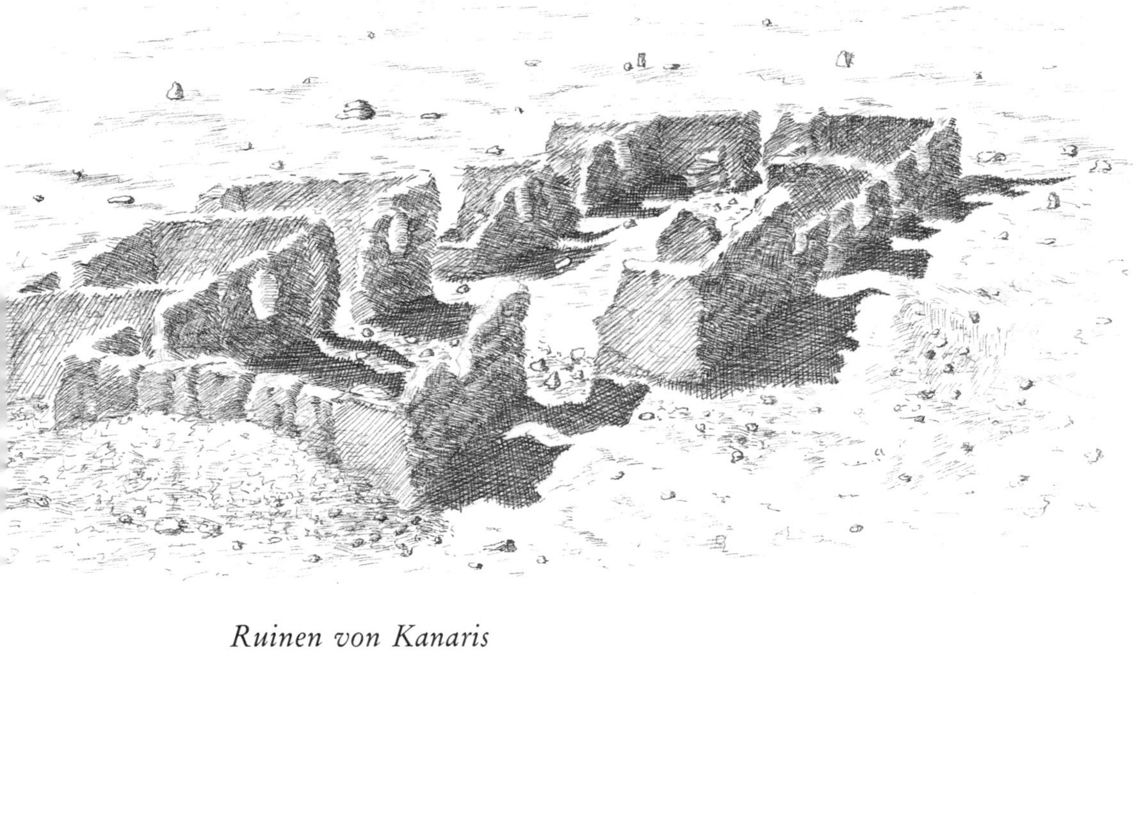

Ruinen von Kanaris

Und Frau Inge erzählt von der Katze Bastet, der Göttin, die man heilig hielt, weil sie die Ratten und Mäuse in den Getreidespeichern vertilgte und dem Pharao half, sein Volk zu ernähren. Es ist eine heitere, eine fröhliche Göttin, die rauschende Feste zu ihren Ehren liebte. Ihre Stadt hieß Bubastis, lag im Ostdelta und war in der Mitte geschmückt mit dem Tempel, der auf einer Insel erhöht stand, so daß er von überall zu sehen war. Zwei Kanäle umflossen ihn, waren von Bäumen beschattet, und um den Tempel lief eine mit Reliefs geschmückte Mauer.
Auch im Innern gab es einen Hain mit hohen Bäumen, eine gepflasterte Straße führte durch die Stadt zum Eingang des Heiligtums mit dem Bild der Göttin.
Herodot beschreibt die Fahrt zu ihrem Fest sehr anschaulich. Aus ganz Ägypten strömten Menschenmengen in Kähnen herbei, Frauen schlugen Rasseln, Männer flöteten, man sang und klatschte in die Hände, die Leute aus den Städten, an denen man vorbeikam, grüßten, tanzten und «hoben ihre Kleider». Viele Tage lang wurde gefeiert, geopfert, getanzt — es war ein Markt mit vielerlei Spielen, mit Märchenerzählern und Gauklern, lärmend, fröhlich und selig von Wein. Mehr als siebenhunderttausend Menschen sollen da zusammengeströmt sein, Männer, Frauen und Kinder.
War es nicht ein liebenswertes Volk, das zu einer Katze betete, sie verehrte und für sie sang, während Bastet behaglich schnurrte und die schmalen Augenschlitze schloß, denn sie fühlte sich wohl. Vielleicht hat man, wie es aus der Stadt Sais berichtet wird, dann nachts Lampen angezündet und rings um die Häuser gestellt — ein Kranz goldener Lichter, die in flachen Gefäßen schwammen, während Gesang und Gelächter Gassen und Höfe erfüllten.
Erst viel später, in Zeiten der Degeneration, setzten die Bürger die Mumien der heiligen Tiere auf Katzenfriedhöfen bei — heute tun es die Amerikaner mit ihren Hunden, die sie fast so wie Götter halten. Wie wenig ändert sich doch der Mensch in so vielen Jahrtausenden.
Der Wind peitscht die Bäume vor dem Museum, sie werfen die Äste, beklagen, daß sie hier festgewachsen sind für die Zeit ihres Daseins.

IM FAYUM

Das Fayum ist eine Senke innerhalb der Libyschen Wüste. Sie erhebt sich hundertfünfzig Meter über den Meeresspiegel und wird gespeist vom unterirdischen Josephsfluß.
Auf den überfluteten Feldern stehen die Kuhreiher, still, schneeweißen Pflanzen gleich, anmutige Gefährten der Fellachen. Sie spiegeln sich im dunklen Wasser — immer das eigene Bild unter sich wie einen Partner, dessen Anblick ihnen vertraut ist.
Das Land ist von ihnen übertupft, dazu die malerischen Gewänder der Bauern.
Doch das heitere Bild wird getrübt, wenn man an die Bilharziose denkt, die hier herrscht. Die Bemühungen der Regierung bewirken wenig, die Menschen sind gleichgültig, waten von Kind auf im Schlamm — und wie sollte es auch möglich sein, hier nicht im Schlamm zu waten, da er ja überall ist und Fruchtbarkeit bedeutet?
Frau Inge berichtet, daß man das Fernsehen als eine Art Schule für das Volk einsetze. Die Geräte würden billig verkauft, man wolle informieren über Familienplanung, über Gesundheitsvorsorge — und natürlich betreibe man Propaganda.
Das Fayum ist ein Fruchtbecken ohnegleichen, in üppigem Grün, es wächst hier alles oder fast alles, immer, es gibt keine Jahreszeiten: Orangen und Baumwolle, Bananen und Zuckerrohr, Oliven und Mais, Wein und Reis, Feld an Feld, und darüber die Palmen.
Wir durchqueren graubraune Lehmdörfer, wo die Palmblätter auf den Dächern als Sonnenschutz liegen, in verwelktem Gelb, ausgedörrt.
Die Häuser tragen Perücken.
Daneben steht oft ein dekoratives mehrstöckiges Taubenhaus — rund und ockerfarben, die Schlupflöcher wie eingraviert: dunkler Zierat, in der Form entfernt an die Tiara eines Papstes erinnernd, umschwirrt von den aus- und einfliegenden Federtieren, eingehüllt in ihr ununterbrochenes Rucken und Gurren.
Den Taubenmist verwenden die Bauern zum Düngen.
Medinet el-Fayum ist die Hauptstadt, sie quillt über — Menschen, Lachen, Geschrei —, vom Josephsfluß, einem lehmbraunen Flüßchen, durcheilt. Die Leute sind so bunt gekleidet, als trügen sie Kostüme in einem Theaterstück. Niemand bettelt, man be-

Taubenhaus

grüßt uns mit freundlichen Zurufen — es ist Markt, ein Markt der Waren, ein Markt der Geschichten. In perverser Bläue leuchtet das amtliche Siegel auf dem blutroten Fleisch der geschlachteten Schafe, Fliegen schwirren — Realismus oder auch Surrealismus.

Überall sitzen die Männer, in den Moscheen, auf den Teppichen, zum Gebet, vor den Häusern, auf den Straßen. Und über allem dröhnt die Stimme des Vorbeters aus dem Lautsprecher, in alle Gassen verkündet er, daß es keinen Gott gibt außer dem Einen, dessen Prophet Mohammed ist.

Zwischen den Menschen suchen schwarze Kutschen ein Durchkommen, mit Peitschenknall und Zurufen. Anmutige Wasserträgerinnen mit ihren Gefäßen ziehen vorbei, tragen tiefschwarze Kleider, umweht von tiefschwarzen Schleiern, oder sind knallbunt. Zwischentöne gibt es keine.

Wir suchen immer noch nach einem Medikament für Shaofang und treten in eine winzige Apotheke. Der Geschäftsinhaber hat die Umgangsformen eines Aristokraten, spricht Französisch und ist von betörender Höflichkeit.

Wir brauchen auch eine Birne für unsere Taschenlampe. Noch kleiner ist das Lädchen, noch enger, vollgestopfter, man kann kaum eintreten, sich kaum bewegen. Wir bekommen unsere Birne, herausgesucht aus Hunderten und ausprobiert. Bezahlen dürfen wir nicht, auf keinen Fall!

Die Sonne knallt, die Kinder lachen: «Hallo!» Keines bedrängt uns. Die Augen sprühen, die Haare glänzen wie lackiert.

Im Garten des einzigen Cafés, wo man unter Bäumen sitzt, ächzen die übersprudelnden Wasserräder. Noch nie habe ich Dinge so stöhnen gehört, es ist wie ein Klagen über eine nie endende Fron.

Wir fahren an einer vertieft liegenden Quelle vorbei, einen Bach entlang, der sich durch Lehmhügel, Büsche und Palmen schlängelt, durch eine Parklandschaft. Der Fluß bewegt das hölzerne Rad einer alten Getreidemühle, einen Mahlstein. Man kriecht in den engen Raum, schaut, lauscht — hier könnte eine ägyptische Undine aus der Quelle emporgestiegen sein, tief verschleiert, bis sie vielleicht den Schleier fallen ließ. Denn das ist der Reiz des Schleiers, daß er mit der Enthüllung spielt.

Wir erfahren, daß im Fayum außer dem Gemüse auch Blumen für die französischen Parfumfabrikanten gezüchtet werden, Nelken, Rosen und Jasmin.
Der Reiz des Schleiers, der Reiz der Düfte.
Wir fahren an Birket Karun entlang, dem Binnensee, der fünfzig Kilometer lang und zwölf Kilometer breit ist, bleigrau, reich an Fischen und Wassertieren. Hinter ihm beginnt wieder die Wüste, ohne Unterbrechung bis Libyen. Die Sandpiste ist staubig, rechts liegen Rinder im Sumpf, links waten drei Fischer, die ein großes, mit Licht gefülltes Netz einziehen.
Hier, während unseres Halts, umdrängen uns Kinder. Sie bieten Muschelketten an, ein knallrot gekleidetes Mädchen reitet auf einem spielzeugkleinen Esel vorbei. Sie will nicht fotografiert werden, oder sie tut nur so, damit der Bakschisch nachher größer ist. Sie wedelt eifrig mit den Händen und den nackten Füßchen, der Esel stolpert, sie stürzt über seinen Hals auf den Kies. Dann lacht sie.
Es ist viel Fröhlichkeit in unserer Gruppe.
Auf dem Rückweg sehen wir im Dunst die Pyramiden von Dahschur, sehr fern, sehr flüchtig.
Unser Zimmermädchen, das heute ihr Trinkgeld bekam, dekorierte uns Pyjama und Nachthemd liebevoll auf die Kopfkissen, die beiden leeren Ärmel ineinander verflochten, die Oberteile einander zugeneigt. Sie ist sehr jung, trägt ein rotes Kleidchen — was für eine reizend verspielte Idee, eine so fröhliche Art des Dankens.
Shaofang lacht lange darüber.

FLUG NACH LUXOR

Das Programm zwingt zum nächtlichen Aufstehen. Wir sind ab ein Uhr wach, es macht keine Mühe. Draußen ist alles ruhig, der Hotelpark schläft, die Pyramiden sind in Finsternis versunken. Es ist sehr frisch — Wüstenfrische. In früheren Jahren haben sich hier Beduinen zusammengekauert in ihre Mäntel gehüllt.

Der Bus fährt uns durch das nächtliche Kairo — eine Stadt der Stille. Auch sie hat sich den Wollmantel übergezogen, den Wollmantel der Schwärze, der Dunkelheit. Nur Eselwagen traben durch die schlafende Stadt, die Grauohren wippen, die mageren Rücken hüpfen — manchmal zwei oder drei Tiere vor einem zweirädrigen Wagen, darauf Bauern und ihre Buben, die Füße hochgezogen, versunken in Müdigkeit. Sie haben zwar ein Ziel, fahren aber so unwirklich dahin wie Traumgestalten.

Im Flughafen sammeln sich die Gruppen der verschiedenen Reiseveranstalter. Die kahle Wartehalle ist überfüllt, alle Stühle sind besetzt, auf dem Boden die erlaubten Boardcases, Mäntel, Reisetaschen, Fotoapparate.

Wir sind alle Individuen, mehr oder weniger interessiert, mehr oder weniger begeisterungsfähig — doch dies hier hat etwas von einem Viehtransport. Die Halle ist der Pferch. Unsere Gespräche, wenn man die Augen zumacht und nicht auf die Worte hört, sind wie ein Blöken.

Beim Start ist es noch dunkel. Die Stewardeß begrüßt Shaofang und mich fröhlich, sie flog mit uns von München nach Kairo.

Lange sehen wir nichts, doch dann steigt der Feuerball über die Wolkenschichten der Frühe, erblicken wir das Silberband des Nils mit seinen zungenförmigen Inseln.

Und schon sinken wir zum rosa Sand hinab, der sich nähert wie eine uns entgegengehaltene Schüssel.

LUXOR

Man spürt sofort, daß man weit weg ist von der Stadt Kairo, weit draußen im Land. Es ist sieben Uhr früh, kühl, wir frösteln, aber die Temperatur wird rasch ansteigen, um mindestens fünfzehn Grad Celsius.
Ringsum ist Ebene, von fern leuchten elfenbeinfarbige Gebirgszüge im Dunst. Der Platz vor dem Flughafen ist gepflegt, ein kleiner Park, aus dem Busradio ertönt eintönige arabische Musik, Büsche und Bäume stehen im Licht der Frühsonne.
Wir werden ins sechs Kilometer entfernte Hotel gebracht, Frau Inge gibt uns Verhaltensratschläge: «Die Männer sind recht lästig, aufdringlich beim Verkauf ihrer Souvenirs und halten ständig die Hände auf, doch müssen Sie ihnen zugute halten, daß sie sehr arm sind und daß Diebstahl trotzdem ein unbekanntes Wort ist. Sie können überall unbesorgt spazierengehen.»
Wir fahren durch ein verschlamptes kleines Industrieviertel. Trotz der frühen Stunde bekommen wir unsere Zimmer, auch das eine Folge der vielen Absagen nach dem Attentat auf Sadat, denn in der Regel sind alle Hotels hier überfüllt.
Unser Blick sucht den Nil und die Tafelberge an seinem westlichen Ufer — dort liegen die Gräberfelder, das Tal der Könige und das Tal der Königinnen. An den Ufern ankern die Hotelschiffe, große neue und kleinere alte.
Im Garten wachsen Tamarisken, Hibiskus mit dicken, roten Blüten und Mimosen. Es wird Zuckerrohr angebaut, die Felder stehen dicht, Frauen und Kinder essen viel schwarze Melasse.

KARNAK

Es wird sehr warm. Wir betreten eines der Wunder der Alten Welt, nicht nur einen Tempel, sondern eine riesenhafte Tempelstadt, Amuns Reich, Amuns Heiligtum und Wohnung. Wir wandern durch die Allee liegender, roter Widder, und Frau Inge erzählt vom «Rätsel Karnak», an dem fast alle Könige des Mittleren Reiches bis zu den Römern gebaut haben, im ineinandergreifenden und verschachtelnden Erweitern, im Füllen und Sprengen alter Formen. Sie erzählt, wie Thuthmosis I. den Bau nach Westen, Thuthmosis III. den Bau nach Osten ausdehnte, bis an seine heutige Grenze, und wie dann immer neue Tempel und Säulenhallen hinzugebaut wurden, wieder nach Westen und im rechten Winkel nach Süden, so daß der Bezirk wuchs und wuchs durch all die Jahrhunderte, sich ausdehnte fast wie ein lebendiges Gebilde, in dem schließlich ein Heer von Priestern wirkte: Stellvertreter des Königs ein jeder in der Verehrung des Höchsten, gegliedert von der niederen Priesterschaft über die Gottesväter bis hinauf zu den Propheten, auch Hohepriester, erste Propheten oder Türöffner des Himmels genannt. So waren ihre Namen in Theben, während andere Tempel sie nannten: «Größter der Schauenden», «Der den Großen schaut», «Oberster Leiter der Handwerker» oder «König, geliebter Sohn». Dazu kamen die Vorlesepriester, die Sänger und Musikanten und viele Bedienstete, nicht zu vergessen die Frauen, die «Gottesgemahlinnen des Amun», die Sängerinnen und Musikanten im Tempeldienst und die Mädchen, die dem Harem des Gottes angehörten und ihm dienten.

Die Priester waren bartlos und ihre Schädel glatt rasiert, sie trugen einen kurzen Schurz und verzichteten auf modische Verzierungen der Röcke wie das Besetzen mit Goldstoffen oder die Fältelung.

Der Tempelkult war seit Jahrhunderten festgelegt. Da wurde die Statue des Gottes gekleidet, gesalbt und geschmückt, getränkt und genährt, unterhalten mit Musik und Tanz, ganz wie der König selbst, und durch Hymnen gefeiert. Es gab Götterfeste und Prozessionen, zu denen Tausende aus dem ganzen Land zusammenströmten: Neujahrsfeste, Feste des Mondanfangs und Opferfeste, bei denen Amun selbst, der Schöpfer und Reichsgott, in der Vielheit seiner Erscheinungen, der Orakelgott und der «Blei-

bende», von Karnak nach Luxor zog, dort wohnte und über den Nil zurückkehrte, unter jubelnder, taumelnder Teilnahme der Bevölkerung, aller Beamten, Priester, Würdenträger und Pharaos.
Es muß ein tosendes Gedränge geherrscht haben, ein Lärmen, Trommeln und Pauken, das scheppernde Klingen der Zinken — ein fröhlicher Anblick nicht nur der jubelnden Leute, Greise und Kinder (diese übrigens nackt, wie Er sie gewollt hatte), Männer und Frauen, ja sogar der Allerkleinsten, die von den Müttern getragen wurden, nein, auch des Tempels selbst, vor dem Fahnen wehten und Wimpel, auf dessen Opfertischen sich Blumen und Früchte häuften.
Pharao opferte, Wildvögel flatterten in alle Himmelsrichtungen, Weihrauch duftete, Wedel fächelten, auf dem Strom trieben die Prunkschiffe, von Mannschaften mit Tauen am Ufer gezogen, sie nahmen die heiligen Barken aus Zedernholz auf, die zu Lande auf Schultern getragen wurden.
Amun von Karnak fuhr aber auch hinüber in die Totenstadt, zum Tempel von Der el-bahri, und mit ihm das Volk, um die Verstorbenen und ihre Gräber zu besuchen, Licht aufzustellen, zu opfern und zu feiern.
Heute schwatzen hier Vögel, Insekten schwirren, die Palmwedel sind verdorrt und verstaubt, und sehr fern sind die Tage, da die Buben an das Tempeltor klopften, beseelt von dem Wunsch, aufgenommen und eingeweiht zu werden in das große Geheimnis des Lebens und des Todes.
Auf den Reliefs wird die Geschichte lebendig: Siege über Palästina, Siege über die Libyer, Schlachten gegen Beduinen, die Einwohner Kanaans, die um Gnade flehten, Flüchtlinge, das Abholzen der Zedern für den Pharao, Triumphzüge, Kanäle voller Krokodile, Priester mit Blumensträußen.
Jetzt graben Arbeiter im Boden, transportieren Schutt in Loren, und kaum trennt sich ein Tourist von seinem Führer, rauscht ein Wärter heran. Zwischen den Säulen erscheinen die unterschiedlichsten Gruppen, Gaffer wie wir, sie gleichen Insektenschwärmen, die sich auf den Steinen und Mauern niederlassen, geschart um ihre «Königinnen», und plötzlich wieder verschwinden.
Der Sand hat die Farbe der Steine, und die Säulen haben die Farbe des Sandes, das eine ist aus dem anderen, das eine ist das

Material, das andere das Werk, aber das Werk ist nichts ohne das Material. Das Material wird bleiben und das Werk wieder zu Material zerfallen. Am heiligen See flüstern die Binsen.

Karnak, die Symbole für Unter- und Oberägypten

TEMPEL VON LUXOR

Fast ohne Aufenthalt in den Tempel von Luxor. Er liegt nicht außerhalb der Stadt, sondern mitten in ihr, nahe am Nil, nahe an der Uferstraße, im Lärm der Motoren, der Autos, der Lastwagen. Esel schreien, ihr Jammerlaut ist das Geräusch Ägyptens, es gehört zu seiner Realität.

Der Tempel ist klein, überschaubarer als der von Karnak, man könnte ihn zierlicher und anmutiger nennen, die Säulen sind schlanker. Er beherbergt in seinen Mauern die Moschee eines mohammedanischen Heiligen, ihm zu Ehren feiert man in unseren Tagen jährlich ein Fest, das mit dem Umzug, den Reiterspielen, den Barken an die Feste der alten Ägypter erinnert. Der thebanischen Göttertriade Amun, Mut und Chons war der Tempel geweiht, er galt aber auch als der Harem des Amun. Säulenhallen und Säulenhof führen zum Heiligtum mit der Barkenkammer. Hier steht einer der schlanken Obelisken, dessen Pendant 1836 auf dem Place de la Concorde aufgerichtet wurde. Wer diesen in Luxor nicht gesehen hat, bekommt so vielleicht einen Begriff seiner Größe und seines Ebenmaßes.

Der Säulenhof ist dem Himmel geöffnet, keine der ägyptischen Säulen war dazu gedacht, etwas zu tragen. Der Tempelsaal hatte nur ein Dach, das blau und durchleuchtet war am Tag, über den die göttliche Sonne wanderte — und tiefschwarz in der Nacht, aber mit funkelnden Sternen geschmückt.

Am Spätnachmittag nehmen Shaofang und ich eine Kutsche und fahren nochmals allein in den Tempel. Er ist wie ein Taubenhaus, voller Menschen, die Abendsonne liegt schräg auf dem Nil, schräg über den Totentälern und taucht alles in ein warmes, rotes Licht. Die Monumentalplastiken stehen dunkel in ihrer Glut, Figuren und Säulen werfen lange Schatten: Zeiger von Sonnenuhren — späte Stunde der Menschenzeit.

Auf der Uferstraße rollen Kaleschen, ein Lateinsegel zieht langsam und traumverloren über der Böschung dahin, die Tafelberge sind vom Licht umflossen.

In den Bäumen lärmen die Vögel, es ist wie ein einziger auf- und abschwellender Ton.

Die Nacht bricht schnell herein, das Licht zieht sich aus den Dingen zurück und läßt sie in Gräue stehen.

Es fällt schwer, selbst in der Dämmerung, wo alle Bilder der Gegenwart verblassen, sich das alte Theben vorzustellen, das hunderttorige, womit nicht wehrhafte Türme einer Stadtummauerung gemeint sein können, sondern die Pylonen, die Tore der Tempel und Paläste. Vielleicht war Theben die schönste der Städte der Alten Welt, schimmernd von Gold, denn Gold gab es in Fülle; eine Stadt der prächtigen Häuser in gepflegten Gärten; eine Stadt auch mit krummen und engen Gassen und beidseits Lehmziegelhäusern wie heute, wo Handwerker arbeiteten, Bäcker, Bierbrauer und Kornmüller, durch die sich das farbige Volk drängte, nicht nur Ägypter, sondern auch dunkelhäutige Nubier, Leute aus Libyen, aus Palästina und Babylon — und Zwerge in hohen Rängen, Betreuer von Haustieren und Spaßmacher.
Denn Theben war die Mitte der Welt, der Sitz Pharaos, des Gottkönigs, seiner hohen und höchsten Beamten, der Wesire, der Schreiber, der Milizen, der Schatzmeister, der Stallvorsteher, der Söldner und der Sklaven.
Eselkarawanen brachten Waren aus Assiut, Abydos und Elephantine, sie lieferten Kleider und Gefäße in alle Richtungen. Auf den Märkten wurde Gemüse angeboten, Lattich und Zwiebeln, Feigen und Öl, Fische und Brot. Die Handwerker fertigten Sandalen und Leinwand, Kopfstützen und Betten, Stühle und Stöcke, Fächer und Schmuckstücke.
Hell klingen die Stimmen der Kinder — aber wer hört noch den Wiedehopf schreien? Die Sternbilder steigen auf, und die Kaufleute beleuchten ihre Auslagen. Die Gestirne sind geblieben, alles andere hat sich verwandelt, ist versunken. Still stehen die Palmen neben den Tempelsäulen — jetzt, da man sie in Licht taucht, werden sie zu einem Teil der ehrwürdigen Hallen.
Wir gehen am Ufer entlang. Der Nachthimmel leuchtet, er hat sich ein wenig Licht aufbewahrt, ein breiter Streifen liegt über den Bergen, blau und violett, der klare Halbmond steht blendend über den schwarzen Bäumen, möchte mit seiner unteren Spitze die Venus berühren, den hellen Stern.
Pferdehufe klappern, die Luft ist lau, der Fluß sehr still, am anderen Ufer blinken Punkte. Hinter der Museumsmauer, im tiefdunklen Garten, scheinen die angestrahlten Statuen zu leben, zusammengeballte Gestalten, Stein voller Magie.

FAHRT ZUM TEMPEL VON ABYDOS

Die Nacht war heiß, die Frische des Morgens kommt wie eine große Verheißung. Dunst und Wolkenschichten unter der Himmelskuppel.
Noch ist der Fluß ohne Leben, desto lebendiger ist die Stadt. Die Männer sitzen auf den Bordsteinen am Flußufer, aufgereiht wie farbige Vögel, und schnattern.
Die Tafelberge sind verschleiert, sie verstrahlen ein sanftes Rot, Schulkinder sind unterwegs, in weißen Blusen, blauen Westen, langen, blauen Hosen, Tennisschuhen. Vor allen Hotels stehen die Touristen und warten auf ihre Abholung, umschwärmt von einem Heer von Hut- und Souvenirverkäufern. Lustig sind die Radfahrer in den langen Gewändern, unter denen die schmalen, nackten Füße herausschauen.
Die Luft im Osten ist von Gold erfüllt, Amun-Re kündigt sein Erscheinen an, in den Kanälen spiegeln sich Lehmziegelhäuser mit blauen Fensterrahmen.
Wir fahren lange am Kanal entlang, dessen Ufer Tamarisken und Sesamfelder schmücken. Die Kuhreiher sitzen in ihren Schlafbäumen und ähneln weißen, gurkenförmigen Früchten. Hier wird jede Fläche des Bodens ausgenutzt, die Erde ist kostbar, der Kulturstreifen schmal — wie gebunden sind wir an alle Umstände, an Zeit und Ort, an Geburt und Tod! Hier, zwischen den Wüsten, herrscht eine unbeschreibliche Üppigkeit, das Niltal ist ein Garten Gottes. Ohne seine Fruchtbarkeit hätte es nicht diese hohe Kultur gegeben, ohne die Isolation im frühgeschichtlichen Raum nicht das jahrtausendelange Dauern des Wunderreiches.
Wir kommen an der Eisenbahnlinie und an Bahnhöfen vorbei. Jeder Zug wirkt hier seltsam, wie ein Ungeheuer aus einer fremden Welt, anachronistisch — auf dem Bahnsteig warten Kamele mitten unter den Reisenden.
Frau Inge erzählt, wie weit zurück in der Zeit die Menschen hier leben, daß es noch keine «modernen» Sitten gebe, die Blutrache noch ausgeübt werde. Moralvorstellungen sind mächtig und unüberwindlich. Ein Mädchen muß unberührt in die Ehe gehen, sonst bringe sie der Vater um. So sei es eben erst geschehen, vor wenigen Wochen, denn «der Mensch ohne Ehrgefühl sei kein

Mensch». Daß sich in diesem besonderen Fall der Vater geirrt habe und daß das von ihm getötete Kind tatsächlich unschuldig gewesen sei, hätte man zwar betrübt zur Kenntnis genommen, doch sei es immer noch besser als ungesühnte Schmach.
Ungerührt drehen sich die Wasserräder mit den Tontöpfen.
Der Nil ist ein breites, glitzerndes Band, wir überqueren ihn auf der Brücke von Nag Hammadi. Auf hellsaftigen Wiesen weidet das Vieh am Ufer. Die Zäune um die winzigen Gärten aus den Strünken der Palmblätter sind golden, fast königlich. In einem Schulhof treten die Kinder an, in Reih und Glied.
In Abydos ist die heilige Erde des alten Ägypten. Die Steine strahlen Hitze aus und glühen. Das Dorf el-Chirba zieht sich braun über den Hügel. Auch hier singen und zwitschern die Vögel. Immer sind die Palmenblätter und die Baumwipfel in Bewegung, der Tempel liegt im bleichen Sand am Rande der Wüste unter den zerklüfteten Tafelbergen. Sie sind ein Werk der Erosion, reich an Formen und Bildern.
Ich bin, inmitten von Gräben und Gruben, umschwirrt von großen, dunklen Insekten. Sie brummen wild und geben vor, so gefährlich zu sein wie Hornissen.
In Abydos sollte man Zwiesprache mit Anubis halten, dem Totengott, dem Schakalgestaltigen, der uns empfängt und beschützt, ehe unser Herz gewogen wird, ehe unser Seelenvogel in unseren Leib zurückkehren kann, in den sorgsam, balsamisch bewahrten, und ehe uns Osiris zum ewigen Leben führt. Denn Abydos ist der Ort der Osirisverehrung, der Ort seines Mysteriums: Osiris, der «Herr der westlichen Länder», der «Sitz des Auges», der «Vollendete» und der «Auferstandene», Herr auch des Totengerichts.
In der Nekropole von Abydos sehen wir in einem der ausdrucksvollsten Reliefs, wie Sethos I. aufersteht, wie Mut, die Geierköpfige, ihn anblickt, Isis und Horus ihn segnen; stellen uns vor, wie er sich erhebt und ausruft: «O mächtiger Osiris, ich wurde geboren, siehe, soeben bin ich geboren worden!»

Dendera

DENDERA Um elf Uhr sind wir in Dendera, die Hitze nimmt zu, Staub erfüllt die Luft. Der Tempel ist zart, elegant, wie es dieser Göttin zukommt; Hathor war die Tochter des Re, des Sonnengottes und Königs der Welt. Sie, die Kuhohrige und Gehörnte, sandte er aus, die Menschen zu vernichten, besann sich aber, da es ihn reute, und wandelte sie zur Göttin der Liebe, Göttin auch des Tanzes und des Rausches. Sie vermählte sich mit Horus, dem Falken, dessen Augen Sonne und Mond waren.

Die Flügelsonne beschirmt ihr Heiligtum. Aus der Hohlkehle von der Decke des feinen Kioskes herab wird sie von der Himmelsgöttin Nut mit ihren Strahlen beglückt. Die Kaiser Augustus, Tiberius, Caligula, Claudius und Nero huldigen ihr.

Wir steigen auf das Dach: Da ist Weite, da sind die Tafelberge, der Rauch aus dem Dorf, die braunen, saftigen Felder, die Palmenhaine und Baumgruppen, das lehmbraune Dorf in der Wüste, die dunklen, sich verwindend der Bodensenke anpassenden, zerfallenden Lehmziegelwände der Umfassungsmauern.

Draußen sitzt ein Wiedehopf, wie aus einem Königsgrab, er putzt sich kokett das Gefieder.

Wir fahren zurück im schrägen, warmen Licht der Abendsonne. Sie sinkt rasch, denn wir sind nahe am Wendekreis des Krebses, ihr Untergang verzaubert uns.

Wenig entzückt mich so wie der Abend in den Dörfern. So vielfältig sind die friedlichen Szenen, wenn sich die Familien auf den Feldern versammeln, um das Vieh heimzutreiben, die Schafe und die Ziegen; wenn die Kinder barfuß von Hütte zu Hütte eilen, wenn sie Ball spielen, schaukeln. Die Frauen und Mütter sitzen auf den Flachdächern oder stehen vor den Haustüren; die Farben, der Lehm, die Häuser, die Wege, die Vegetation; die vielen Reiter mit hängenden Beinen; die pflanzenhaft bunten, so schönen Gewänder, der Kopfschmuck, die Tücher, die Ketten: all dies ist die vollkommene Natürlichkeit, das vollkommen Richtige allen Tuns. So muß es sein, und nur so könnte es dauern.

«SON ET LUMIÈRE» IM TEMPEL VON KARNAK

In der Nacht brechen wir auf zum «Licht und Ton»-Schauspiel. Zunächst beeindruckt die wechselnde Beleuchtung, von der wir abschnittweise geleitet werden, sie macht ehrfürchtig, stumm. Später ärgern die pathetischen Texte und die bombastische Musik. Trotzdem bleiben Bilder wie aus einem Traum. Die steinernen Papyrusstauden stehen dicht nebeneinander, berühren sich mit ihren Kapitellen und bilden fast eine geschlossene Decke.
Es gibt vielleicht einen glückhaften Augenblick des Alleinseins in diesem Heiligtum der leuchtenden Säulen, die goldfarben in den Himmel ragen, die das schwarzdunkle Dach der Nacht zu tragen scheinen auf ihren emporgetürmten, wuchtigen Massen — dann könnte uns ein Hauch jenes Unbegreiflichen anwehen, das mit dem Wort «Mysterium» nur matt umschrieben ist. Es ist, als wäre man wirklich und wahrhaftig im Zentrum des Universums, im Raum aller Räume, in dem die Zeit stillsteht, weil sie mit den Körpern verschmilzt und alle Unterscheidungen in das Eine aufgehen. Da enden dann alle Fragen, und das Unnennbare, das keine Gestalt und kein Geschlecht hat, vielleicht nicht einmal eine Form (und doch jede Form ist), ist sehr nahe.
Aber das sind Momente. Alles wirkt schließlich nur opernhaft. Lauschend und staunend schiebt man sich vor bis zum heiligen See, wo wir uns auf Tribünen setzen und auf die rotglühenden Kulissen gaffen.
Als das Theatergetöse verklingt, die Lichter verlöschen, machen wir uns erleichtert auf den Abmarsch.
Plötzlich ist alles wieder da, was das Herz berührt: der weite, klare Himmel mit seinem Glitzerschmuck der Sterne, die Tempelruinen, die Säulen, die so klar in der Landschaft stehen, dunkel in transparenter Nacht.

ÜBERFAHRT

Der Nil ist lehmig, braun, schlammig, läßt nicht in sich, in seine Tiefe, seine Fruchtbarkeit hineinschauen, keinen Zentimeter. Er verhüllt sich und alles, was er mit sich führt. Aber er verhüllt es nicht, indem er eine Decke darüberzieht, gleich welcher Art, denn er ist selbst die Verhüllung. Er ist Masse, Substanz. Und daraus wurde und wird die prangende Fruchtbarkeit seiner Ufer.

Motorboote hüben und drüben. Unablässig führen sie von Osten, wo Luxor liegt, das heutige, uns Touristen dorthin, wohin wir als Lebende in Wahrheit nicht wollen: ins Tal des Todes, das hier auch ein Tal der Könige und der Königinnen ist, eine flammende Steinwüste, deren Geröllhalden rot leuchten und deren Hügel, Gebirge, Steinbrüche, Felsen, Schroffen und Schründe lodernde Formen haben.

Dorthin wollen und gehen wir, weil es uns nicht betrifft. Wir werden als Lebende zurückkehren. Als die gleichen Lebenden? Gewiß doch. Da wir gar nicht in der Lage sind und niemals sein werden, die Wirklichkeit des Todes zu begreifen. Denn das ist der Tod für uns: nichts mehr wissen, nichts mehr wissen können, nie mehr wissen dürfen.

Wir werden durch Grabkammern gehen wie durch Museen. Wo auf der Welt gibt es das noch, daß die Totenstätte ein Abbild des Lebens ist?

Die Boote vibrieren, die Motorengeräusche, das Ticken von Ventilen, von Kolben werden überlagert vom schwirrenden Geschwätz der Reisenden. Wir sind, da wir zurückkehren von jenem Ort, der anderen zur schweigend-dunklen Kammer wurde, sehr heiter, wir sind auf einer Lebenslustfahrt. Der Ort der Todesruhe wurde Jahrtausende vor unserer Geburt in den Stein geschlagen, er geht uns nichts an, denn wir leben. Und unser Todesreich, das uns aufnehmen wird, hat damit nichts zu tun, und die Jahre oder Jahrzehnte, die uns noch von ihm trennen, sind die kleine Unendlichkeit des Lebens.

Über das Blech des Daches, das uns Schatten spendet, huschen Lichtflecke, es vibriert von Worten, Tönen, Satzfetzen in vielen Sprachen. Wir Gruppenreisenden sind darunter verpackt wie in unsichtbaren Containern.

Unsere Betreuer haben die Frachtbriefe.

Zwischen den Sitzbänken drängen sich die Souvenirverkäufer, sie schreien, locken, preisen ihre Ware an, lassen bunte Ketten durch ihre geschmeidigen, dunklen Hände gleiten, sie feilschen, und wir feilschen mit — niemand so ungeniert, so hartnäckig und ungehemmt wie die Amerikaner.

Wo immer ein Bus, eine Fähre, ein Auto, eine Kutsche auftaucht, sind die Andenkenhändler da, zu zweit, zu dritt, in Rudeln. Aus den unerschöpflichen Taschen ihrer Galabejas ziehen sie wie Zauberer einen Skarabäus, ein Tontöpfchen, einen Anubis, eine heilige Katze mit hoch aufgespitzten Ohren oder ein Stück Malerei, und dann beginnt das Angebot, das Ritual: «Gucken! Gukken! Vier Pfund! Schön! Okay! Drei, zweifünfzig, zwei, okay!? German? German nix gut!» (wenn man nicht kauft). «Mensch, Meier! Gucken! Gucken! Look: that's your name on the Skarabäus, that's old!» — und so fort, in vielen Sprachen. Alles, was sie für sehr alt ausgeben, ziehen sie heimlich, wie verstohlen, hervor, drehen sich um, als ob sie sich vor der Polizei verbergen müßten, halten es schamhaft im Stoff. Ihre Gesichter sind sehr braun, dunkelbraun, doch nicht negroid, es sind Araber, wohl auch Nubier. Die Gewänder sind über den langen, nackten Sandalenfüßen weit geschnitten, da wehen sie, sonst sind sie stark tailliert, die Ärmel flatternd offen. Diese einfarbigen Galabejas stehen den überschlanken Burschen gut, machen sie nobel, elegant, fürstlich. «German nix gut! Mensch, Meier!»

Auch unser grauhaariger Kapitän trägt eine Galabeja, ein weißes Kopfband, seine Haut ist wie gegerbt, seine Nase gebogen, er lacht dauernd, und seine Hände halten das Steuerrad fest.

Dreieinhalbtausend Jahre — können wir eine solche Zeitspanne überhaupt begreifen? Sie reicht, von unseren Tagen aus zurückgerechnet, bis 1500 v. Chr., bis hinein ins Mittlere Reich des alten Ägypten! Dreieinhalb Jahrtausende — tausend in der Blütezeit — war Theben-West die Totenstätte der Stadt. Dreieinhalb Jahrtausende lang sind die Verstorbenen über diesen Fluß gefahren, in einer blumengeschmückten Barke, in einem hölzernen, bemalten Schrein, geleitet von Priestern im Leopardenfell und von klagenden Verwandten, eingehüllt in Weihrauchduft. Zuvor lagen sie siebzig Tage lang in Natron, wurden gewürzt, wohl präpariert, gewickelt, einbalsamiert, so daß ihre Körper erhalten blieben und

ihr Ka, ihre unsterbliche Seele, wieder aufnehmen konnten. Viel Sorgfalt, wahrhaftig, wurde darauf verwandt, Legionen von Handwerkern lebten davon. Feinste Kräuter wurden benutzt, Nadelholzharze — wie das Zedernholzharz aus dem Libanon — und Mastix. Die in Leinenbänder gewickelte ewige Hülle wurde kunstvoll bemalt, bemalt wurden auch die Särge und im Innern mit frommen Sprüchen beschriftet, die einen zum Schutz, die anderen, um das Eintreten in den Schönen Westen zu erleichtern.
Klagefrauen mit nackten Brüsten begleiteten den Leichnam in einem zweiten Boot, weitere Barken folgten mit den Verwandten, den Freunden — alle versehen mit Geschenken für den Toten, Boote auch mit Tänzerinnen und Sängerinnen.
Ein farbenfrohes, ein heiteres Bild, trotz aller Trauer — und vergessen wir nicht die Mengen der Zuschauer an den Ufern.
Am westlichen Ufer angekommen, wurde dem Toten seine Statue entgegengetragen, sie sollte ihn ins Jenseits begleiten, dazu Blumen, Miniaturbarken, Amulette, Hausrat für sein Grab, Speisen — und jene «magischen Puppen», nackte Frauenfiguren, die keine Beine hatten, damit sie den Toten niemals verlassen und ihm immer Liebesfreuden gewähren konnten.
Die Barke mit dem Sarg wurde auf einen Schlitten gehoben, Ochsen zogen ihn zu seinem ewigen Haus. So erklomm der Zug die Berge durch ödes Geröll, steile Schluchten, bis zu den Hunderten von Grabpalästen, den Wabenhäusern im Felsgestein, unter denen auch der seine war, für den er sein Leben lang gesorgt hatte, den er ausbauen ließ, ausmalen, ausstatten mit allem, was ihm teuer war, auf das er nicht verzichten wollte, und sei es auch nur als Figur, als Bild.
Hatte er sein ewiges Haus erreicht, hatten ihn die Amunpriester zur letzten Kammer geleitet, seinen prächtigen Sarg dort niedergesetzt — dort, wo sich die blaue Nacht mit den goldenen Sternen über die Decke spannte —, erwarteten seine Mumie noch die letzten Zeremonien, die der Öffnung des Mundes und der Augen und des letzten schmerzvollen Abschieds der Gattin. Dann ging es zum Leichenschmaus ins «Tal der Wüste», wo die Diener im hellen Tageslicht Stände aus Ästen und Blumen errichtet hatten. Man speiste und trank, während reizende Tänzerinnen, geschmückt nur mit Lotus, Sagen vorführten aus jenen fernen Ta-

gen, da die Zeit begann. Bevor die Nacht einbrach, überquerte man den Fluß wieder und kehrte heiter und getröstet nach Theben zurück.
Heute sind die morgendlichen Ufer samtweich verschleiert, doch die Sonne steigt hell und grell über den Dunst. Sie tönt wie eine Fanfare, aber wir hören sie nicht!
So breit ist der Nil hier, so weit — schwebendes Hinübergleiten zu den Wohnungen der längst Verstummten.

DIE GRÄBER Wir fahren im Bus nach dem heutigen Theben-West, nein, wir sind eigentlich schon da, im Dörfchen an der Hauptstraße. Ein Bub liegt auf einer Aufschüttung schwarzer Schottersteine und macht Schularbeiten, blickt nicht auf, winkt nicht. Irgendwann wird er betteln.

Um uns ist die Dürre, die rotbraune Steinwüste. Ist jemals eine Totenstadt so gut gewählt worden? Die Öde türmt sich auf zu Hügeln, zu Sand- und Felsburgen, in denen sich nichts rührt, wo das Leblose an den Sinnen saugt und zerrt, wo im Schweigen der Sog des Todes ist — nur Geröll, Ausbuchtungen, Säulen, Kuppen, der Grand Canyon des Gewesen-und-nie-Wieder. Ein Kosmos des Chaos.

Es ist noch nicht einmal acht Uhr morgens, doch Hitze brütet, reflektiert, gespeichert und wiedergegeben vom Gestein. Staub liegt in der Luft, der Staub von Körpern, die von der Zeit zermahlen wurden.

Die Schluchten zittern.

Busse, Geschrei und Gedränge vor den Grabeingängen. Es geht hinab in den roten Fels, hinab auch zu Tutenchamun, den jeder gesehen haben muß, der hierher gekommen ist mit der Neugier des Lebenden. Es ist eng in dem Gang, man tappt hinunter in eine kleine Kammer, die Luftfeuchtigkeit zerstört die Fresken, Feuchtigkeit, die wir Besucher aus allen Poren schwitzen. Alles verdirbt, auf den Wandbildern verbreiten sich schwarze Flecken, man bekommt sie nicht weg, niemals, aber wir haben den Sarkophag mit dem Mumienschrein und der Maske gesehen, und wir haben gestaunt: fremde Welt, fremde Götter, fremder Glaube, ein Glaube auch an Pracht, Glanz und ein Weiterleben in Schönheit.

Tutenchamun liegt hier, der göttliche Knabe, der eigentlich Tutenchaton heißen sollte, nach dem Willen seines Vaters, des Ketzerkönigs Echnaton. Aber der Sohn kehrte aus Amarna nach Theben zurück und setzte Amun wieder in seine alten Rechte ein. Nur neunzehn Jahre wurde er alt, wahrscheinlich hat man ihn ermordet. Das erklärt vielleicht die relative Kleinheit seines Grabes, das dennoch für uns die unbegreiflichsten Kunstwerke barg.

Von ihm gehen wir weiter zu Ramses VI., tauchen in Höhlen wie Lemuren, in letzte Heimstätten für Überreste, die keines Heimes mehr bedürfen. Ein langer Gang, viele lange, sehr breite Gänge,

unausdenkbar, welche Kostbarkeiten hier aufgetürmt waren, ehe die Grabräuber ihr Werk taten; es geht sehr weit hinab, auf festgetretenem Boden, Wandbilder über uns, neben uns — die Fahrt der Sonne, Sterntafeln, Göttinnen als Tag-und-Nacht-Himmel — zutiefst im engen, beklemmenden Stein die Goldene Kammer, das Grab Pharaos, seine Auferstehungshalle.
Trotz aller Erklärungen bleiben die Bilder doch stumm, wir hören nur dürre Worte, die etwas bezeichnen, aber die Botschaft ist längst verhallt, überdeckt von anderen Botschaften anderer Zeiten.
Doch wir möchten so gern, daß uns dies alles etwas bedeutet, etwas sagt, etwas verkündet. Aber dahin führen keine Erklärungen. Vielleicht käme die Erkenntnis aus unserem Inneren, wenn seine tiefsten Schichten Antwort gäben und wir darauf warten könnten.
Im Stein ruht hier die Pracht.
Soviel Mühe und Arbeit, geschaffen, so denkt der Realist, nur für die ewige Nacht, für die Dunkelheit, für die vergebliche Hoffnung auf Wiedergeburt.
Die Pyramiden sind das vollkommene Gegenteil dieser Gräber. In ihnen ist die Grabkammer nichts, der zur Sonne weisende Bau aber alles.
Hier zogen sich die Toten in die Berge zurück. Waren die Gedanken feiner geworden, weniger monumental, weniger archaisch? Wurde dafür die Gegenwelt poetischer, reich bevölkert mit Gestalten?
Heute hallt in den Gängen das Geschrei der Fremdenführer, die sich gegenseitig mit ihren Erklärungen zu übertönen versuchen. Sie decken alles zu, was uns die Augen öffnen soll, machen taub und blind. Sie sind wie Kanoniere, die eine geballte Ladung toten Wissens auf uns abfeuern.
Dabei steht man hier vor dem Tor aller Geheimnisse. Hier ist nicht nur die Wurzel, hier ist zugleich ein Gipfel menschlicher Kultur. Man könnte verstehen, warum sie entstand, aus welchen Gründen, unter welchen Voraussetzungen: das vergebliche, das betörende Ansingen der menschlichen Seele gegen sein unentrinnbares Schicksal.
Draußen die flammenden Berge, die irgendwann einmal zu Stein erstarrt sind. Seitdem nagen Sonne und Wind an ihnen.

Noch einmal ein Grab. Amenophis II., feinste Bilder im Stil aufgerollter Papyrusstauden, rings an den Wänden Figuren nur in Umrissen. Höchste Kunst des Pinselstrichs. Niemand kennt die Meister. Immer blieb der ägyptische Künstler anonym. Amenophis vor Hathor, vor Anubis, vor Osiris, die Decke ein Himmel gelber Sterne auf blauem Grund. Nur der auf ein einziges Ziel gerichtete Wille eines Volkes konnte diese Werke schaffen, und daß sie erhalten blieben, verdanken wir dem trockenen Klima, dem Sand, der Hitze.
Frau Inge warnte uns: «Die Luft ist sauerstoffarm, stickig, nicht jeder verträgt es.» Tatsächlich legt sich die Luft beklemmend über uns wie eine Glocke, und einmal habe ich die Empfindung, jetzt könnte alles stehenbleiben, jede Bewegung, jeder Gedanke, sogar jedes Gefühl, und es wäre von einem Augenblick zum anderen eine Lautlosigkeit, wie sie entsteht, wenn einem Raum jedes Geräusch entzogen wird. Dann fehlte ihm auch ein Maß für das Fortschreiten im Unendlichen.
Denn Töne sind hörbares Zeitvergehen.

THEBEN, DAS DORF

Eine Alabasterwerkstatt liegt an der Hauptstraße, westlich des Flusses. Sie steht auf unserem Programm, wir sollen kaufen. Das Häuschen, ein Würfel, ist hellblau grundiert, bunt, ägyptisierend bemalt, kunstlos. Im überdachten Vorhof sitzen vier Arbeiter im Staub, graue Gestalten, sie schleifen und feilen, schaben mit der dreiarmigen Drehkratze wie vor vier Jahrtausenden den Stein für uns aus.

Es sind fast noch Buben, sie blicken aus dunklen Augen zu uns reichen Fremden auf. Um uns formt sich rasch ein Kreis aus lauten, schreilebendigen Kindern, Mädchen und Knaben, kreischende Blumen, so knallbunt. Sie kollern über die weglosen, staubigen Hügel, tauchen zwischen den Häuserkästchen auf, bieten handgearbeitete, einfache Püppchen an, zwei Stück für ein ägyptisches Pfund.

Sie werden schließlich so aufdringlich, daß der ehrbare Alabasterkaufmann für seinen ehrlichen Alabasterverkauf fürchtet und sie von Angestellten mit pfeifenden Rohrstöcken auf Abstand bringen läßt.

Drinnen summen die Deckenventilatoren über Regalen voll Kitsch, über magisch schimmernden Vasen, von innen mit Glühbirnen erleuchtet, über Andenkengerümpel, Skarabäus neben Skarabäus, Anubis neben Anubis, Bastet neben Bastet.

Es wird geknipst, geguckt, gehandelt.

Dann Spießrutenlauf durch den Mädchenansturm in den Bus.

Schweißtropfen.

TEMPEL DER HATSCHEPSUT Der Terrassentempel dieser großen Frau, ihr Totentempel: schier unbegreiflich. Darüber noch nie gesehene Bläue des Himmels, eine stählerne Glocke: er ist ganz und gar gnadenlos, dieser Himmel, er spannt sich über die roten Berge, die grandiose Kulisse der Leblosigkeit. Wie um das Ebenmaß, wie um die mathematische Strenge des Tempelbaus noch zu unterstreichen, schmücken sich die Gebirgszüge hier mit besonders markanten, auffälligen Formen. Vergilbt, fast weiß, sind die Farben des Bauwerks. So entsteht eine Verbindung, die eigentlich ein Gegeneinander ist: die Intelligenz des Menschen gegen die Gewalt der Natur.

Der Tempel sei, erklärt uns Frau Inge, eine revolutionäre Architektur gewesen zu seiner Zeit. Ich muß gestehen, daß ich ihn aus der Ferne nicht als das erkannte, was er ist. Er schien mir nur die langgestreckte Fassade eines Fabrikgebäudes mit Stützpfeilern zu sein. Doch ist das nicht die Schuld seines Baumeisters, Senenmut, der den Tempel in drei Terrassen, die durch Rampen verbunden sind, aufbaute, an den Berg lehnte. Der Nachfolger und Neffe, Thuthmosis III., ließ seinen Haß auf die Stiefmutter und Tante an ihm aus (nicht nur hier), Echnaton tat ein übriges, erst Ramses II. hat ihn restauriert. Moderne Ergänzungen wurden in kalkigem, störendem Zement ausgeführt.

Für uns sind all diese Tempel wie Bilderbücher, in deren aufgeklappten Seiten wir herumwandern können. Denn die alten Ägypter haben nicht nur aus ihren Gräbern Bücher gemacht, aus denen man ablesen kann, was sie gedacht, gefühlt und getan haben, die von den Freuden ihres Lebens erzählen, auch ihre Tempel sind Bücher, plastische Bilderbücher. Die Perspektiven verändern, verschieben sich, Säulen treten vor, andere verschwinden, gleiten zur Seite. Hier legt ein segnender Amun Königin Hatschepsut die Hände auf die göttlichen Schultern, dort läßt sie sich vom ibisköpfigen Thoth ihre Rangerhebung verkünden, dort fahren Chnum mit dem Widderkopf und Heket mit dem Froschkopf zur Entbindung. Der Rationalist, begreift man, hat und hatte in der Welt der Menschen eigentlich immer einen schweren Stand, denn wir sind irrational, wir wollen lieber glauben als wissen, der sicht-

bare Gott, das göttliche Tier und der göttliche Mensch, ist schöner als die Zahl, und glauben ist müheloser als erkennen.
Auch das menschlich Rührende fehlt nicht, man findet ein Bildchen von Senenmut, dem Erbauer des Tempels. Er sei der Geliebte der Königin gewesen und habe auch ihre Tochter Nofrure erzogen, sei aber dann in Ungnade gefallen, weil er schließlich mehr Entzücken bei der Tochter als bei der Mutter gefunden habe, sagt Frau Inge.
Die stolze und wohl auch schöne Königin war eine der glänzendsten Herrschergestalten zu Beginn des neuen Reiches. Sie übernahm, nach dem Tod ihres Mannes Thuthmosis II., an Stelle ihres Neffen energisch die Regierung und beanspruchte die Legitimität der Thronfolge gleich dreimal: durch Proklamation ihres Vaters, durch Orakel und durch göttliche Erzeugung. Sie reorganisierte das Land und bemühte sich, die Schäden der Fremdherrschaft durch die Hyksos zu beseitigen und den inneren Zusammenbruch Ägyptens vergessen zu machen. Kraftvoll nahm sie die wirtschaftlichen und kulturellen Aufgaben in die Hand. Wir dürfen sie uns kühn und prächtig vorstellen, die Hände ruhig auf den Knien liegend, einen Geschmeidekragen um den Hals, das Haupt mit dem königlichen Kopftuch bedeckt, über der Stirn die sich blähende Uräusschlange, funkelnd in Email, Mächtigkeit und Abwehr symbolisierend.
Aus der Höhe des Tempels blickt man über den Fluß nach Karnak, dorthin, woher sich die Prozession bewegte, wenn das «schöne Fest im Wüstental» gefeiert wurde. Hunderte von Fakkeln glitten dann über den Nil und machten ihn, in tausendfachem Flackerschein spiegelnd, zu einem goldenen Strom, der die Amunbarke trug und die zahllosen begleitenden Boote. Musik scholl herüber, bis sich die Menge in der Nekropole zerstreute, wo ein jeder bei seinem toten Angehörigen mit Gesang und Tanz und Opfergelage die Nacht verbrachte und endlich, im Morgengrauen, seine Fackeln in Milch löschte.

Tempel der Hatschepsut

GRAB DES MENENA UND RAMOSE

Nie wird jemand wissen können, wie viele Gräber es in Theben-West gegeben hat, ob Tausende, ob Abertausende. Außer den Totenpalästen der Könige und Königinnen kennt man heute mehr als vierhundertsechzig Privatgräber der Noblen.

Menena war Katasterschreiber der Ländereien und Feldmesser unter Thuthmosis IV. Wie so viele hat er sein Leben, seine Arbeit, seine Frau und seine Tochter geliebt und wollte alles ins Jenseits mitnehmen, nichts vermissen, nicht die Feldvermessung, nicht die Feldsteine, nicht die notierenden Schreiber, nicht die Bauern, Beamten, Pferde und Wagen, nicht einmal die raufenden Mädchen, die sich an den Haaren ziehen, und den Buben, der die Flöte bläst.

Es muß gut gewesen sein, mit Menena abends vor dem Haus zu sitzen, zu tafeln und zu trinken.

Im Ausgang, noch unter der Erde, warten die Souvenirverkäufer, darunter ein wilder, schöner Bursche, groß und gertenschlank, in jeder Bewegung fiebernde Erregung. Er hat sein Haupt mit einer haubenähnlichen Perücke aus bizarr gelockten Negerhaaren geschmückt, die er kunstvoll angeordnet und gekämmt hat. Er läßt nicht locker, bedrängt unsere Damen, die ihm schwer widerstehen können, überredet, lächelt, zeigt seine Ware: Steine, die vor Hitze glühen, die man kaum berühren kann.

So glühen auch die Hütten auf den kahlen Höhen, die blauen und rosafarbigen — es ist die Kulisse einer ins Großartige gesteigerten Dürftigkeit.

Wir eilen die Hügel hinauf und hinab über trockene Pfade zum Grab des Ramose, Wesir unter zwei Königen. Er starb früh, und sein Grab blieb unvollendet. Auf den bemalten Wänden und Reliefs wäre ein Umbruch der religiösen Auffassungen zu beachten — doch ein Schleier der Ermattung liegt über unseren Augen, und am Abend vermögen wir uns kaum noch zu erinnern, was wir gesehen haben.

HOTEL HASAN Der Hof des Hotels Hasan schmückt sich mit Hennasträuchern, deren feine Blüten wie Silberschmiedearbeiten sind.
Hotel — was für ein prahlerischer Ausdruck für das Haus der äußersten, verstaubten Anspruchslosigkeit. Den teils ockerfarbigen, teils gelblichen Wänden darf man nicht nahe kommen, da die Kreide abfärbt; die einstmals grünen Fliegengitter über den Rundbogenfenstern sind eingerissen, verdrückt, vergilbt.
Alles zerfällt — nur der Wirt, obgleich alt und gebrochen, stemmt sich mit seiner Vitalität dem Verfall entgegen wie ein Fels: Ali Abd el-Rasool. Er wurde 1899 geboren und war mehrmals in seinem Leben im Gefängnis.
Seine Gesichtszüge sind scharf, äußerst intelligent, dunkel, zerklüftet und würdevoll. Er kennt das Leben und vielleicht auch den Tod, denn er ist eine Gestalt, um die sich Legenden ranken, Geschichten von Raub und Mord, von Messern und Pistolen. Indem er, abseits an einem Tisch sitzend, sich eine Zigarette nach der anderen ansteckt und so zum Munde führt, als wolle er seine Fingerspitzen küssen, erzählt er, wie sehr er die Frauen liebe und bei den Frauen die Abwechslung. Frau Inge genießt es, hier zu sein. Er sei, erzählt sie, unendlich reich, ja, unschätzbar, er habe alle Ausgrabungen im Tal der Könige miterlebt, auch die von Carter, der 1922 das Grab Tutenchamuns entdeckte. Er kenne, sagt sie, sogar jetzt noch ein ungeöffnetes großes Grab, sei selbst ein Grabräuber gewesen und solle mehr als fünfzig Mumien beraubt oder geraubt haben.
Seine Augen sind schmal, er zieht sie zusammen, sein Gewand fällt pastellgrün und faltenreich an ihm herab, und an den braunen Händen leuchten die Nägel hell wie Mondsteine.
Fliegen umschwirren ihn. Die Wachstuchdecken auf den einfachen Holztischen hat er selbst ausgesucht, sie sind mit französischen Rokokomotiven bedruckt, mit tanzenden Schäfern und Schäferinnen — es wirkt hier äußerst exotisch.
Zum Abschied beschenkt er uns alle mit einer einfachen, hellblauen Kette. Er tut es mit der Gleichgültigkeit und Grandezza eines orientalischen Potentaten, schaut über uns hinweg und gedenkt seines Lebens am Rande der Gräber, das an Farbigkeit nicht leicht von einem anderen übertroffen werden kann.

DER EL-MEDINA In Ägypten beginnt alles in den Gräbern, oder sagen wir so: In Ägypten sehen wir, daß alle Menschenkunst und -fertigkeit, daß alle Menschenpoesie und -fantasie auf der Grenzlinie zwischen Tod und Leben erblühte. Nicht sein Leben, sondern die Nacht des Todes hat der Ägypter mit Gestalten bevölkert und sie gleich Sternen über das Firmament der Schwärze gestreut.

Im Grab des Prinzen Chaemweset, der als Knabe ermordet wurde, sehen wir den Vater, Ramses III., wie er den Sohn ins Totenreich geleitet: Elternliebe und Zärtlichkeit.

Hier haben wir gewissermaßen auch den Beginn der Kostümgeschichte: feine Schleierröcke verhüllen sehr zart, nur andeutend, die Beine des Schreitenden. Diese Röcke müssen die schmeichelndsten Werke wahrer Zauberkünstler der Webkunst gewesen sein.

Aber wer hat dies alles geschaffen?

Ihre Stadt, die Stadt der Nekropolenarbeiter, ist ein Ort des Schweigens, eine Stadt nur noch der Grundrisse von Häusern, in denen sie einst lebten, die Künstler, Maler und Steinmetze, die Bildhauer und auch die Erdarbeiter der Königsgräber. Hier hielt man die schöpferischsten Köpfe ihrer Zeit fest, abgeschlossen in einem Getto, getrennt von der lebendigen, lauten und farbigen Außenwelt. Vielleicht rührt daher ein Teil der Harmonie ihrer Kunstwerke, daß sie Ausfluß idealisierender Sehnsucht waren.

Künstler im Getto, wie im Gefängnis. Sie waren im Besitz von Kenntnissen, die nicht an die Öffentlichkeit kommen sollten, kein Geheimnis ihrer Bauten durften sie preisgeben. Am Stadttor empfingen sie alles, was sie zum Leben brauchten.

Wir wissen viel von ihnen, denn sie haben auf Steinen und Tontafeln Notizen hinterlassen, Abrechnungen und Briefe, Skizzen und Berechnungen: wann sie sich krank meldeten, weil sie Kopfschmerzen hatten, weil sie ihren Frauen bei der Wäsche helfen mußten oder auch nur, weil sie nicht arbeiten mochten.

Sie hausten in kleinen Wohnungen, wenn sie aus der Tiefe ihrer Schächte emporkamen, Frauen und Kinder ein Stockwerk über ihnen, in den unteren Räumen fand man eingebaute Betten.

Auch ihre eigene Begräbnisstadt hatten sie, die sie sicher mit noch größerer Hingabe ausbauten als die ihrer Auftraggeber. Ihr Vor-

steher, Sennodjem, hat zwar nur eine einfache Sargkammer, nahebei, gegenüber, im Angesicht seines Hauses, aber da zeigt er uns, was er sich erhoffte: wie er an die Himmelspforte klopft, wie die Baumgöttin Wasser und Nahrung spendet. Er stellt sich aber auch dar, wie er mit seiner Frau pflügt und Korn erntet. Tat er das wirklich, konnte er pflügen und ernten in dieser Stadt der Abgeschiedenen? Oder war es sein Wunsch für das neue, das andere, das bessere Leben nach dem Tode, der Wunsch, endlich tun zu können, was ihm hier verwehrt war: das Leben eines freien Mannes, eines Landwirts zu führen? Wollte er nie mehr zeichnen, nie mehr malen, nie mehr Steine behauen; nie mehr seine tägliche Fron, die wir heute Kunst nennen?
Er wollte leben, wie die anderen lebten.
Und so stellte er sich das ewige Dasein vor: unter der Sonnenbarke, angebetet von Affen, im Besitz von Bäumen, die reiche Früchte tragen, von Feldern am Fluß, auf denen er, der Selige, von irdischer Last Befreite, Korn zur Nahrung und Flachs zur Kleidung gewinnt.

GRUPPENGEHORSAM

Die Reisegruppen sind in einer verwunderlichen Weise abhängig von ihren Führern, in unserem Fall von Frau Inge. Es herrscht fast eine Art Untertanengeist oder nur Bequemlichkeit, gemischt mit Höflichkeit und Hemmungen. Frau Inge teilt uns mit, daß auf den Nilschiffen jeweils ein bunter Abend von den Gästen gestaltet werde. «Da sind viele Gruppen aus vielen Ländern beisammen, am unkompliziertesten tun sich die Amerikaner hervor. Ihr Deutschen habt den schlechtesten Ruf! Aber bei mir gibt es das nicht, Ihr müßt Euch alle etwas ausdenken, und sei es noch so albern, nur: gekniffen wird nicht!»

Unsere Gruppe ist in Aufregung, ja Besorgnis. Jedem ist es mehr als lästig: «Eine Zumutung!» — «Unmöglich!» Aber keiner muckt auf, alle kuschen. Es sind Chefärzte darunter, Professoren, Bergwerksdirektoren; Menschen, die gewohnt sind, Anordnungen zu erteilen, die Autorität besitzen. Hier sind wir alle wie Kindergartenkinder. Wir beugen uns zähneknirschend ins alberne Joch. Ein schüchterner Versuch im Garten Ali Abd el-Rasools, des beeindruckenden Banditen und Grabräubers (gewissermaßen unter seinem Schutz), Frau Inge um Dispens zu bitten: «Muß es denn wirklich sein . . .?» schlägt fehl. Ja, es muß sein. Keiner wagt zu sagen: «Ich mache nicht mit!» Keiner will einen Streik der Gruppe organisieren — in aller Freundlichkeit, aber mit Bestimmtheit.

Manch einem vergeht die Freude, er ist bedrückt und nachdenklich, er sieht keine Tempel und Gräber mehr, er grübelt, ob er in Bettlaken gehüllt als Mumie erscheinen soll — und leidet.

Ist das vielleicht doch deutsch? Wir haben ja alle die Reise bezahlt, sind erwachsene Menschen und unsere eigenen Herren. Oder etwa nicht?

Zu unserem Glück wird die Veranstaltung dann abgesagt, die Staatstrauer um Sadat verbietet Lustbarkeiten.

TOTENTEMPEL RAMSES' III. IN MEDINET HABU

Die Sonne steht hoch, sehr hoch, zu hoch. Sie ist eine blendende Scheibe, kein Gold, sondern das Licht schlechthin und die sengende Glut, ein Feuerball.

Wir kommen von Medinet Habu herab, dem Städtchen, dessen Würfelhäuschen aus der Sand- und Schottersenke über den roten Hügel steigen. Hier war ein Sitz der Verwaltung in altägyptischer Zeit, hier ließen sich thebanische Gottesgemahlinnen bestatten, hier wohnten Römer, und noch später suchten Kopten in den alten Bauten Zuflucht, die ihnen die entthronten Götter großzügiger gewährten als die lebenden Gläubigen anderer Religionen.

Doch wir wissen kaum noch, wo wir sind, es ist heiß, nie gönnt die Sonne dem Land eine Pause. Wenn sie aufsteigt, dann herrscht sie uneingeschränkt. Es gibt nur sie oder die Nacht, keinen Regen, kaum einmal eine Wolke.

Die Glut dämpft unsere Sinne. Fast unwillig steigen wir aus dem Bus, gehen vom Straßenrand durch eine struppige Wiese zu Mauern mit kämpferischen Zinnen, dahinter Säulenhallen und dürres Gras. Was wir noch hören, was wir noch verstehen, wir wissen es kaum. Ist es das Ramesseum, ist es der Totentempel des Ramses, welches Ramses? Oder auch nicht des Ramses? Wer war dieser Mann?

Die Sonne macht alle Fragen belanglos. Hier lebte einer, der herrschte, mit Glanz, und der die Liebe der Frauen genoß. Man sieht ihn auf den Wänden, den Göttlichen, mit seinen Mädchen und Frauen, die er lieben durfte und die ihn lieben mußten, aber vielleicht waren sie so geblendet von seiner Göttlichkeit, daß ihr Müssen zu ihrem seligsten Wollen wurde.

Frau Inge zeigt uns ein Fenster, ein hohles Viereck aus Stein, durch das Pharao hinaussah, um die Kampfspiele der Pferde zu genießen. Gern sähen wir wenigstens ein Pferd, noch lieber ein Kamel, aber da ist nur Öde, und Frau Inges Worte gehen durch uns hindurch, zaubern nichts Vorstellbares.

Dabei hat es sie gegeben, all die Bilder von großer Pracht. In diesen Balkonfenstern, in diesen Vorbauten, verziert mit kostbaren

Steinen, schimmernd und geschmückt mit Schlangen aus Bronze und Pfeilern in Form von Lotosblüten, erschien die goldene Majestät mit ihrer göttlichen Gemahlin und den Dienerinnen der Liebe — überhaupt mit viel Dienerschaft in kostbarer Kleidung oder auch in reizender Blöße, Wimpel flatterten, und zahllose Wedel bewegten sich fächelnd auf und ab. Tief unten dürfen wir uns jubelndes Volk vorstellen, das heraufblickt (die Höchsten brauchen immer jubelndes Volk zu ihrer Erhöhung), dann reichgeschmückte Gespanne, zierliche goldene Wagen mit zierlichen, langen Deichseln und nervös schnaubenden Pferden, die tänzelnd gebändigt wurden.

Jubelndes Volk, aber vor allem wohl Würdenträger. Ein ganzes Heer von Beamten, denen die Wesire vorstanden, oder die Zeremonienmeister, Hofmarschälle, Hofbäcker, Hofwäscher, Hofmusiker, Vorsteher der Vorratshäuser, Aufseher der Kopfbinden, der Perücken, der Salbengefäße, oberste Stallmeister, Herren der Pferdegeschirre, Sandalenträger.

Es ist für uns heute belustigend zu denken, wie sich in diesem so naturhaft lebenden Volk eine solche Freude am starren Zeremoniell entwickeln konnte, eine Bürokratie mit «Sieglern des Königs», Bürgermeistern, Gaufürsten, Militärkommandanten, Schriftmeistern, Sprechern, Kommissaren und vielen anderen mehr.

Und das sehen wir noch: zerfallene Säulenhallen, Rillen für Flaggenmaste. Es mag prächtig gewesen sein hier, das Leben, für einige wenige, aber auch Ramses III. hat ja nicht nur prächtig gelebt, er hat gekämpft und gesiegt. Ein Pharao siegte immer, auch wenn er in Wahrheit verlor, er konnte nichts anderes als siegen und die Siege darstellen lassen auf den Reliefs: Siege gegen die Seevölker, gegen die Libyer. Wir sehen, daß der König opferte, Tauben steigen auf den Wänden empor.

Klosetts, Waschräume und ein Badezimmer hatte der König — ein reiches Haus, mit Gemächern für die Haremsfrauen, für die Diener und die Beamten.

Nicht ganz klar wird mir, warum der Totentempel eigentlich ein Palast war — oder der Palast auch ein Totentempel —, jedenfalls wohnten hier Priester und Beamte und Offiziere, es gab Ställe, Lagerhäuser, Verwaltungsgebäude, Brunnen und einen See.

Wir nehmen es zur Kenntnis, oder nehmen es eigentlich schon nicht mehr wahr, vermögen uns bald darauf nicht mehr zu besinnen, und die Fotos, die wir machen, gehen unter in der Bilderflut von Tempeln, Säulen, Innenhöfen und Reliefs, die schließlich alle mit einem Fragezeichen versehen werden: «Wo war denn das?» Das alles dauert — wie lange? Eine Viertelstunde? Eine halbe Stunde? Eine Geschichtsepoche ist abgehakt, sie wurde besichtigt — und für die Sonne über uns, zu der wir nicht beten, obgleich auch wir ihre Geschöpfe sind und nie wären ohne sie, waren wir nur schnatternde Sandkörner.

Memnonkolosse

MEMNONKOLOSSE Wie im Fluge noch an den Memnonkolossen vorbei, die zerfressen, zerfallen mitten im Felde vor der grandiosen Kulisse der goldenen Berge stehen. Sie singen nicht mehr, was sie doch tun sollten der Sage nach, diese Weltwunder aus Kalkstein, aus einem einzigen Block herausgemeißelt. Bei Sonnenaufgang haben sie früher getönt, für die Alten war es Poesie: Begrüßung der Mutter Eos und melodische Erwiderung der Rosenfingrigen, die das Land mit ihren Tautränen benetzte.

Wir suchen nach Ursachen.

Schön wäre es, dieses Wunder! Es würde unser Leben erfüllen. Gerne hörte ich die Kolosse singen und wollte nicht wissen wieso. Denn hinter allen Entschlüsselungen bleibt immer das letzte Geheimnis. Es gibt keine Antwort auf die Rätsel und Wunder der Welt. Wäre es nicht klüger für uns, nicht nach Erklärungen zu suchen, sondern das Wunderbare noch reicher zu machen durch Bilder und Geschichten, die unser Herz begreift?

Selbst ein Rationalist wie ich, der zerfressen ist vom Wunsch, mehr und immer mehr zu verstehen, dessen Gedanken ins Weltall wandern (wie kümmerlich nehmen sie sich darin aus und wie verloren), kennt Sekunden der Mutlosigkeit, in denen er sich nach nichts anderem sehnt als nach den Paradiesgärten der Mythen.

Für den Ägypter war der Mythos das Wissen und die Heimat des Geistes, und so war seine Seele geborgen.

Wann begann der Zweifel?

AUF DEM SCHIFF

Das Nilschiff verschlingt uns in seinem großen Bauch, umgibt uns mit einem Komfort, der nichts zu tun hat mit der Wirklichkeit des Landes. Es ist ein «Ungetüm», so nennen es die ägyptischen Kinder am Ufer, ein Fremdkörper, der den Strom (auf andere Weise als früher) wieder zu einer Goldader macht: Geld von uns Gaffern.
Ich sitze am Abend an Deck, der Stuhl ist bequem. Wir liegen noch am Kai von Luxor, die Sonne geht unter über Theben, der Totenstadt, senkt sich auf die Kalksandsteinberge, in denen die Könige und Königinnen nicht mehr ruhen, die Prinzessinnen und Knaben, die Verwalter, Steuerbeamten und die Künstler, inmitten ihrer Bildwelt, die sie schaffen ließen im schönen Irrtum. Denn sie sahen sie nie wieder, was sie doch hofften, glaubten.
Aber wir werden auch nichts mehr wiedersehen von unserer Welt, und da wir dies wissen, ist unser Leben ärmer an einer Hoffnung, die nie enttäuscht werden wird und ein Trug ist. Denn darin ist der Tod gnädig, daß er uns alles nimmt, ohne daß wir es jemals erfahren.
Der Himmel leuchtet, indes die Totenstätte verblaßt, ehe sie gänzlich hinter dem Vorhang der Schwärze versinkt.

EIN «ARZT» Noch immer leidet Shaofang an Herpes. Wir sind unsicher: Bessert er sich, bessert er sich nicht? Wäre es nicht gut, einen ansässigen Arzt zu konsultieren, der die einheimischen Medikamente kennt? In Luxor muß es doch einen geben, wir fragen auf dem Schiff. «Oh, wir haben an Bord selbst einen Doktor, wir werden ihn gleich in Ihre Kabine schicken, bleiben Sie dort.»

Wir warten. Es klopft. Der «Doktor» tritt ein. Es ist eine energische, stämmige Ägypterin in Schwesterntracht, die sehr stolz ist auf ihre Sprachkenntnisse, doch ihr Englisch klingt wie hingeröchelt, wir verstehen kaum ein Wort. Sie «erkennt» sofort, daß Shaofang eine Allergie hat: «O yes, good, good!» Das Wort Herpes hat sie noch nie gehört. «Eine Allergie!» Und sie hat eine Salbe gegen Allergie, die sie gleich fingerdick aufträgt, und Tabletten zum Einnehmen. «Good, very good!»

Sie ist eifrig, herzlich, wir wollen sie nicht kränken, vielleicht hat sich der Herpes ja wirklich bereits gebessert — kaum ist sie draußen, wischen wir die Pomade ab und konsultieren erneut unseren deutschen, mitreisenden Arzt. «Nur keine Salbe!» sagt er, und pudert die Flecken. Im übrigen ist er zufrieden.

Nun flüchten wir während der nächsten Tage auf dem Schiff, wo die Schwesterntracht auftaucht. Denn sie zückt sofort die Pomadentube. Wir lächeln und lügen: «Es ist alles okay! Very good!» — «Very good?» Sie nimmt es mit glücklichem Lächeln zur Kenntnis und will Shaofang vor allen Leuten auf Deck die Bluse ausziehen. Doch dann würde sie den Puder entdecken und ihre Pomade auf den Puder schmieren. Notgedrungen begnügt sie sich endlich damit, zu hören, daß sie uns sehr geholfen hat.

LUXOR BEI NACHT — DER GRIECHE

Seit alters gibt es Wein in Ägypten, aber wir können keinen bekommen. Schließlich nennt uns Frau Inge einen Griechen, der ein Geschäft in Luxor hat. Wie jedermann ist er «ihr Freund».
Wir machen uns auf, ihn zu suchen.
Es ist eine warme Nacht, der Himmel ein Samttuch, die Mondsichel über den Häusern wandert mit uns.
An der Corniche Sharia el-bahr tanzen die Bäume mit ausgebreiteten, trauernden Ästen.
Je weiter wir in die Stadt kommen, desto seltener werden die Laternen. Dafür sind die Straßen voller lachender, lärmender und schreiender Menschen. Sie erzählen sich ihre Erlebnisse, prahlen. Sie sind eifrig und fröhlich, doch manchmal scheint es, als wollten sie sich an die Kehlen fahren.
Steine liegen mitten im Weg. Die Straßen sind aufgerissen, es klaffen Löcher.
Die Hausmauern ragen dunkel empor, nur wenige Fenster sind hell, aber aus den Türen der kleineren Geschäfte fällt Licht in langen Vierecken auf die Wege. So entstehen helle Muster.
Wir fragen oft, aber niemand kennt Mitsos, einen Griechen schon gar nicht, die Verständigung ist schwierig. Vielleicht nennt man ihn hier anders! Kaum ein Mensch spricht englisch. Wir fragen die Männer, die Burschen, sie würden uns gerne helfen, doch sie wissen auch nicht mehr. Frauen sind sehr wenige auf den dunklen Straßen, wir würden uns auch scheuen, sie anzusprechen. Die Männer tragen fast alle wehende Galabejas, nur einige Burschen laufen in Jeans herum, manche knattern auf Motorrädern vorbei. Autos sieht man kaum, dafür um so mehr Kutschen mit zurückgeschlagenem Verdeck, in den Polstern wohlgenährte Herren, plaudernd, gestikulierend.
Selbst jetzt, in der Nacht, gibt es keine Bettler. Niemand belästigt uns Touristen, sogar die Andenkenhändler haben Feierabend. Nach mehreren Irrwegen finden wir Mitsos doch, sein Geschäft ist hell erleuchtet, nicht einmal klein, schwer und breit hockt er vor seinen Flaschenregalen. Er ist ein älterer, sehr stiller Herr, der uns ohne Anteilnahme bedient, fast gleichgültig. Es ist ihm nicht

wichtig, was wir kaufen, ob wir überhaupt etwas kaufen. Er verständigt sich auf französisch mit uns.
Eigentlich ist er kein Grieche, denn er ist hier geboren, aber seine Mutter und sein Vater sind Griechen gewesen. Was ist er nun? Als Araber fühlt er sich auch nicht, er ist kein Mohammedaner, kein Kopte, er ist überall fremd und doch hier zu Hause.
Mit stiller Melancholie wickelt er uns die Flasche ein.
Als wir zum Schiff zurückwandern, kommen wir noch einmal am Luxortempel vorbei. Er strahlt im Licht, die Pylonen, die Papyrussäulen ragen in den finsteren Himmel, und davor lagern die Sphingen der Eingangsallee.
Auf unserem Hotelschiff gibt es einen Kapitänsempfang. Der Manager der Sheraton-Hotelkette, zu der unser schwimmendes Monstrum gehört, hält eine stotternde, unnötige Rede zur Begrüßung. Joseph, der Verkäufer aus dem Kiosk, schlüpft in die Rolle des weltgewandten Mannes. Er ist überschlank, könnte elegant sein, wenn er bessere Manieren hätte. Er fühlt sich unwiderstehlich, ein «homme à femme», und fordert reihum die einzeln reisenden Damen zum Tanz auf. Sie werden bei ihm Kleider bestellen, für die er Maß nimmt, um sie in Assuan nähen zu lassen. Er tanzt mit so großer Hingabe mit einer jeden, als sei sie die einzige Liebe seines Lebens, preßt sie an sich, kriecht fast in sie hinein — und wirkt unangenehm, ganz anders als die Burschen in der Stadt. Auch er ein Opfer des Tourismus.
Aber vielleicht hat sein Versuch, hier die große Welt zu vertreten, doch eher etwas Rührendes.

ESNA In der Morgenfrühe fahren wir in eine Schleuse, unsere Hotp wird vier Meter emporgehoben. Die Luft ist silberklar. Wir gleiten an einer kleinen Stadt bunter Häuser vorüber, auch hier verfallen die Fassaden, bröckelt der Putz, verblassen die Farben.

Das Niltal sei an dieser Stelle acht Kilometer breit und sehr fruchtbar, erklärt Frau Inge, aber seit der Großgrundbesitz enteignet worden sei, verfalle alles, zuallererst die großen Villen der ehemaligen Besitzer.

Kaum setzen wir den Fuß an Land, sind die bettelnden Kinder um uns, schmuddelig und ärmlich, doch ihre Augen strahlen vor Lebenslust.

Die Lehmziegelhäuser sind bis zu drei Stockwerke hoch. Der kleine Ort ist eine Stadt der Handwerker, sie arbeiten im Freien oder in zur Straße geöffneten Räumchen; der Tischler, der Bügler, der sein Eisen mit dem Fuß über die Kleidungsstücke führt und darauf wartet, daß man ihn fotografiert. Der Schuster sitzt erhöht vor der Werkstatt und näht mit der Ahle und armlangem Faden. Demonstrativ umkreist uns ein klappernder Eselwagen, mehr schlecht als recht aus Kistenbrettern zusammengestückelt, darauf eine Art rostige Kaffeemühle mit voluminösem Eisenzahnrad. Sie zerkleinert etwas zu leuchtendrotem Pulver, es könnte Rosenpfeffer sein oder auch Safran.

Der Tempel von Esna liegt neun Meter tief in der Erde, im verfestigten, fruchtbaren Schlamm. Man hat ihn ausgegraben und eine Eisentreppe in die Grube gebaut.

Hier können wir alles sehen, was die Menschen der ptolemäischen und der römischen Zeit an Mythen kannten. Es ist ein Tempel des Chnụm, des Widderköpfigen, aus den spätesten Jahren. Er steht am Ende dessen, was wir das alte Ägypten nennen. Von hier und jetzt an gerieten die Kunst und die Religion der Ägypter in Vergessenheit, der Staub legte sich über sie, so wie der Schlamm den Tempel begrub.

Dieses Bauwerk ist wie ein Punkt hinter der unendlichen Geschichte voller Wunder. Oder wenn man Rom als den Anfang einer neuen Zeit verstehen will, so stehen wir hier an ihrem Beginn. Hatten die Ägypter drei große Mythologien — die der Weltentstehung, des Lebens nach dem Tode, der Königstheologie —, so hielten die Römer nichts mehr davon, oder sie spielten nur noch damit. Auf den Säulen und Wänden tanzt Kaiser Trajan als Luftgott den Tanz des Schu, Kaiser Claudius schneidet Ähren mit der Sichel. Hier stehen die letzten bekannten Hieroglyphen — bald versteht man sie nicht mehr, bald läuten die Kirchenglocken. Bald, das heißt zwar in einigen Jahrhunderten, aber ist das nicht bald in Anbetracht der Jahrtausende, die vorausgegangen sind? Doch noch sieht man hier die Kartuschen von neunzehn römischen Kaisern in Hieroglyphen, deren letzter Decius ist. In diesem Tempel wurden die Mythen getanzt und dargestellt — er steht so auch am Beginn der Theatergeschichte.

Hoch oben in den Säulen nisten die Schwalben, fliegen auf, zeichnen rasche Linien in die klare Luft und stürzen zurück in ihre Nester im heilig-historischen Raum.

Draußen auf dem kleinen Markt — man muß sagen: oben, denn man steigt ja empor aus der Tiefe der Vergangenheit ins Leben unserer Tage — Lärm und Geschrei. Kein Reichtum, doch auch keine Not, vor allem kein Hunger. Die Stände brechen fast unter der Last von Gemüse, Obst und Früchten. Knallrot leuchten die Tomaten, ein Scherenschleifer läßt sein Rad summen. Das Metall kreischt, die Funken sprühen, ein würdevoller Großvater hält seinen Enkel an der Hand, ein Mädchen führt einen Blinden voller Behutsamkeit, Kaffee wird im Freien ausgeschenkt neben hängenden Pferdegeschirren und Stapeln gebrauchter Koffer.

Ein schwarzhaariger Bub versucht uns Holzpuppen zu verkaufen: «Una lira e mezza le due», schreit er in aufgeschnapptem Italienisch.

AUF DEM NIL

Zart ist der Wind, ein Schmeichler, der die Segelboote fast zärtlich vorantreibt.
Die Landschaft zieht an uns vorüber mit sanften Bildern. Sie kennt keine schroffen Übergänge, nur Harmonie im ständigen Wechsel des Zusammengehörigen. Gelb sind die Hügel im Osten, grün die Uferstreifen, sie tragen Palmenhaine, Lehmhäuser, zwischen denen man spazieren möchte, um mit ihren Bewohnern zu reden und sich von ihnen aus ihrem Leben erzählen zu lassen. Schaut man aufs Wasser, versteht man, wo die Bezeichnung «nilgrün» herkommt. Die Wellen sind nie ruhig, aber auch nie laut, schon das Wort plätschern ist zu grob für ihr gleichmäßiges Flüstern. Ein Lastkahn mit Säcken gleitet stromabwärts. So zogen sie schon vor Jahrtausenden von den Steinbrüchen Assuans zu den Tempeln nach Memphis und Theben. Fischer kauern in Ruderbooten, sie kommen aus den nubischen Dörfern mit den Kubushäusern und spitzen Minaretten.
Im Südosten, gegen Sonnenaufgang, erhebt sich ein Gebirge, dahinter liegt irgendwo das Rote Meer. Davor, am Ufer, breiten die Palmen ihre zerfaserten Pinselwipfel aus.
Die Fahrt ist von großem Zauber, auf den Feldern arbeiten die Fellachen, Kinder traben auf Eseln, manchmal ist die Uferböschung scharf abgeschnitten, dann steht das Land darüber wie auf einer Tafel. Es scheint sich alles vorüberzudrehen. Immer und immer wieder Palmen, nach oben explodierend, helle Sandberge, kahle Dörfer.
War es nicht immer schon so? Wird es nicht immer so bleiben? Was ist die Zeit? Der Mensch wird geboren, er stirbt, er steigt aus der Erde und sinkt dahin, nicht anders als ihre Frucht, er lebt, er bewegt sich, dann schweigt er — das ist alles.

EDFU An der Anlegestelle erwarten uns bunte Wagen, aber die Farbigkeit täuscht. Es sind armselige, wackelige Fahrzeuge. Wir empfinden Mitleid mit den freundlichen Kutschern, deren Haut so erdig ist wie das ungepflegte Fell ihrer Pferdchen. Es gibt viel Lärm und Geschrei beim Einsteigen, dann knallen die Peitschen, und die Räder quietschen.

Die Fahrt ist sehr kurz, mehr ein Jahrmarktsvergnügen als eine Notwendigkeit, oder doch nicht, denn die Sonne ist erbarmungslos, die Hitze macht uns matt, es ist früher Nachmittag, die heißeste Zeit.

Warum dieser Tempel gerade hier gebaut wurde, weiß man nicht. Überhaupt weiß man nicht, nach welchen Gesichtspunkten die Plätze für neue Tempel ausgewählt wurden. Auf diesem Feld, könnte man denken, hat sich einmal ein Falke niedergelassen, der für den Horus gehalten wurde. Man findet den Falken überall auf den Reliefs: Horus-Pharao, Pharao-Horus. Es gibt eine Legende, nach der der König nach den Sternen schaut und die Sterne ihm sagen: Hier baue und bete.

Edfu ist einer der besterhaltenen Tempel, die Pylonen ragen riesenhaft empor, sie machen uns Menschen klein, führen uns zurück auf das uns zukommende Maß, wenn wir in das lehmgraue Haus des falkengestaltigen Sonnengottes treten.

Edfu

Hier sitzt er, der Edle und Mißmutige, und beachtet uns nicht. Er ist der Gatte der Hathor aus Dendera. Einmal jährlich zog sie zu ihm nach Edfu über den Nil in gewaltiger Prozession. Vierzehn Tage lang beging man das Fest der göttlichen Vereinigung und ließ selbst die Toten daran teilnehmen.

Die übrige Zeit verbrachte der Gott in mancherlei anderer Kurzweil. Am Jahresanfang vereinigte er sich mit der Sonne, wozu man ihn feierlich aufs Tempeldach trug, auch nicht schweigend, sondern mit Gesang und Gepränge. Dort setzte man ihn nieder, auf daß er von ihren Strahlen geküßt werde und ihre Kraft in ihn eingehe. So ist es dargestellt auf den Wänden der Treppen. Sein Alltag verging unter Lobpreisungen; Gottesdiener weckten ihn, salbten und kleideten ihn, speisten und geleiteten ihn zum Bad, zur Ruhe, nachdem er vielerlei Zeremoniell ertragen hatte, das ihn schließlich übersättigt und gelangweilt haben muß — jahrhundertelang — man sieht es ihm an.

Die Priester durften kein einziges Haar am Körper haben, sie beseitigten sie mit einer Honigpaste.

Es gab hier in Edfu auch eine «Dreckapotheke»: Bakterienkultur auf Vogelmist, Vorläufer unserer Antibiotika. Man erzeugte wohlriechende Salben und Parfums aus Lotus und «Kifi». Was dieses Kifi war, weiß man heute nicht mehr, obwohl man unzählige Rezepte auf den Wänden findet.

Ich setze mich ein wenig abseits auf eine zerborstene Mauer, ringsum liegen die Scherben meterhoch. Auch sie sind Zeugnisse des Fleißes und der Unermüdlichkeit der Baumeister, Handwerker und Tagelöhner, die hier gearbeitet haben, Zeugnisse wie die überreich mit Reliefs geschmückten Mauern. Man wandert herum und schaut, und manchmal ist es, als wären die Zeichnungen keine Ornamente mehr, sondern als begännen sie zu leben.

Und da fällt mir eine der möglichen Antworten ein auf die Frage: Was ist der Mensch? — Das einzige Lebewesen, das das Universum mit Geschichten erfüllt. Jedes andere Geschöpf erfüllt es nur mit sich und seiner Gegenwart. Er aber erfüllt es mit neuen Dingen, die es ohne ihn nie gegeben hätte, und seine Geschichten dauern.

Es berührt mich seltsam, zwischen den uralten Mauern herumzugehen, die mich vollkommen umschließen und alle anderen Reali-

Horusfalke von Edfu

täten meines Lebens eliminieren. So entsteht die Illusion des absoluten Zeitstillstandes. Die alten Ägypter, wenn sie allein hier waren, sahen nichts anderes um sich als ich: dieselben Mauern, den gleichen Himmel.
In den Kutschen fahren wir rasch zum Schiff zurück. Zuvor wieder dramatisches Geschrei, jeder Kutscher sucht gestikulierend nach seinen Gästen, als hinge seine Seligkeit davon ab, daß keiner in einen anderen Wagen steigt. Aber vielleicht ist es nur Ordnungssinn, damit keiner von uns zurückbleibt im Harem des Horus.
Am Anlegesteg kratzt ein verwitterter Araber auf einem Instrument, dessen langer Hals ein Stock, dessen Resonanzboden eine halbe, mit Leder bespannte Kokosnußschale ist — mit zwei Saiten aus Pferdehaaren. Er spielt mit schreiendem Ton, dem jede Poesie mangelt. Esel lehnen schlafend an den heißen Mauern.
Die Luft auf dem Strom ist mild, dank eines leichten Windes. Der Nil teilt sich in zwei Arme und umfließt grüne Inseln, der Umriß der Berge der Arabischen Wüste im Osten tritt stark modelliert hervor, mit Schattentälern und Schattenschrunden. Glanzschleier liegen auf dem Wasser, im Westen, gegen die sinkende Sonne, stehen die Palmen jetzt so dunkel wie Scherenschnitte. Die Fahrt ist ein stilles Gleiten. Nach und nach färbt sich der Fluß dunkelgrün, seine Oberfläche ist wie vom Wind gehämmert. Wir kommen an einfachen, viereckigen Bauernhäusern vorbei, vor denen Kinder spielen, hin- und herspringen wie Bällchen oder wie flatternde Vögel, die nicht weit fliegen können, weil ihnen die Flügel gestutzt sind. Feluken treiben mit schlaffen, flatternden Segeln zu den Ufern und werden freudig begrüßt. Mit wehendem Gewand steigen die Heimkehrenden aus und schreiten über die Wiesen davon, überall sieht man sie, hellblau oder weiß vom Hals bis zu den Füßen gekleidet, und neben manchen trotten palmenstammfarbige Kühe.
Das Land wird flacher, die Berge treten allmählich zurück, und dann sinkt die Sonne hinter die niedrigen, sandigen Höhen. Die Dämmerung kommt rasch, voller Zauber, alles Blau versinkt in der Nacht, wo es sich bewahrt für den kommenden Tag.
Plötzlich ist die Dunkelheit da, und nichts anderes hat mehr Raum.

KOM OMBO

Es ist ein froher, ein heller Morgen, aber welcher Morgen wäre das hier nicht? Wir liegen in einem schmalen Seitenarm des Nils, an einer Schilfinsel, wie im Bleiwasser; ein Fischer rudert vorbei, während sein Bub in der hellen Galabeja zwei Riesenfische emporreckt. Er lacht: welche Freude.

Militärflugzeuge donnern über uns hinweg, auf der Wasserfläche sitzen weiße Vögel in Schwärmen, ein kleiner, alter Kreuzfahrerdampfer dreht und fährt flußab, nach Luxor. Die Wüste leuchtet rosa, doch im Westen, über der Steilböschung, ist die Vegetation reich und üppig, Bäume, Büsche und Palmen bilden einen Haarkranz, davor treiben lautlos Feluken. Ihre spitzen Maste ritzen Linien in den Himmel, die Segel füllen sich. Helligkeit steigt am Horizont auf, geht in lichte Bläue über. Und dort, wo die Matrosen unser Schiff abspritzen und sich der Sprühstaub des Wassers verteilt, bildet sich ein Regenbogen.

Durch den Sand einer Düne waten wir zum Tempel, es ist acht Uhr früh, aber schon glühend heiß: Hier beginnt Nubien, hier endete einmal Ägyptens Fruchtfläche, Kom Ombo, «Goldland».

Der Tempel steht als wuchtiger Block auf einer Terrasse über dem Nil. Seine Ruinen ragen wie Zahnstümpfe gegen das Licht. Wir Touristen fallen als bunte, schreiende Scharen in seine Mauern und Säulen ein; heute sind zwei Kreuzfahrerschiffe, die Aton und unsere Hotp, gelandet. Wir müssen uns anstellen zum Säulenbegucken, zum Wände-erklärt-Bekommen. Wir erblicken Hathor, die Kuhköpfige, Gehörnte, und Sobek, den hier wohnenden Krokodilgott. Wir sehen Pharao, wie er den Segen der Götter empfängt, wir sehen die Löwengöttin, wir sehen den falkenköpfigen Haroeris, der dem Horus gleicht.

Wie fremd gehen wir doch in den Tempeln herum, es fehlt uns jede Voraussetzung, uns in ihnen heimisch zu fühlen, der Glaube, das Weltbild, die Lebensart, alles ist so unendlich anders. Da paßt nichts, aber auch gar nichts zusammen, außer daß auch wir atmen, leben und lieben. Wir bewundern vielleicht, aber was ist diese Bewunderung wirklich? Nichts sehen wir hier so, wie man es früher sah, auch äußerlich nicht, von den Empfindungen ganz zu schweigen, denn die Farben fehlen, die Menschen, die Zeremonien, die Priester, die Tänze, die Gesänge, der Opferrauch

und die Feste. Es gibt kaum ein Aufblühen des Gefühls, vielleicht einmal den Anflug einer Beglückung durch die Harmonie von Werk und Landschaft, wobei wir nicht einmal die rechten Gedanken mit einbringen können, sondern mühevoll versuchen müssen, uns hineinzudenken. Aber da ist nichts echt, es kommt nichts aus unserem Inneren. Die Schauspieler haben die Bühne verlassen, nur die Kulissen sind stehengeblieben und zerfallen, und wir hoffen vergeblich, ihre Worte zu hören, noch einmal ihre Gesten zu sehen und am Stück teilzunehmen.
Ein Vogel schmettert sein Lied. Schräg kämmen die Sonnenstrahlen durch die Säulen. Überall, in den Nischen der Mauern und in den Lücken der Reliefs, nisten die Spatzen. Auch Bienen haben ihre Waben an den Pflanzenbündelsäulen oder hoch an den Mauern befestigt.
Wir drängen uns vor den mumifizierten Krokodilen im Hathortempelchen, sie glotzen tot und gar nicht göttlich, haben schwarze, stumpfe Schnauzen. Wir klettern wie die Ratten überall hinein und überall hinauf, «to take a photo».
Abfahrt um neun Uhr dreißig. Weiter durch das leuchtende Niltal nach Süden. Weiße Segel am Ufersaum. Zarte Abstufung der Farben, vom Blau des Wassers über den Streifen der Lehmböschung zum Grün der Vegetation: das Bild einer Stromlandschaft.
Joseph, der Verkäufer aus dem Kiosk, schlurft in scharlachroter Galabeja über das Deck, er fühlt sich, sein Blick geht rätselhaft, hochmütig über uns hinweg. Einer unserer Ärzte sucht bei den anderen Reisenden nach einem Buch, das ihm mehr über die Zusammenhänge zwischen der ägyptischen Mythologie und dem Christentum erklärt. Er möchte wissen, wie das eine aus dem anderen hervorwuchs. Dies ist ja wahrhaftig biblisches Land, das Alte Testament scheint wie ein feiner Schleier darüber zu liegen, es ist nicht vergangen, vielleicht nur vergessen, und seine Geschichten könnten noch heute wieder beginnen. Wer Christus suchen will, sollte hier nach ihm suchen, denn hier liegen die Wurzeln vieler seiner Gedanken, und auch Echnaton ist, wenn nicht sein Prophet, so doch sein früher Bruder im Glauben an den einen, einzigen Gott, als dessen Sohn er sich verstand.
Im Süden vor uns erstreckt sich das Ödland Nubiens. Feluken ziehen vorüber, mit Ballen beladen, am Ufer sammeln sich Men-

schengruppen. Die Boote sind auch die Fähren, sie stellen die Verbindung von Ufer zu Ufer her. Auf dunkelgrünen, saftigen Inseln im Nil weiden ockerfarbene Rinder. Fischer staken durchs Brackwasser.
Ein Schwarm großer, tiefschwarzer Vögel mit langen Hälsen und weißen Flecken auf den Flügeln treibt mit schweren Schlägen vorüber. Sind es Nilenten? Niemand weiß es.
Zehn Uhr dreißig: die Wüste wird immer mächtiger, der Grünstreifen am Nilsaum schmaler, spärlicher, dürrer. Die Dörfer sind in den Sand, auf die Hügel gebaut, nahe den wenigen Weiden.
Schwarze Ziegen suchen nach Gräsern, sie fliehen vor den kleinen Wellen unseres plumpen, bunten Monstrums des Wohllebens, das der arabische Kapitän, ein einfacher Nilschiffer, sicher durch die Sandbänke steuert. So gern möchte ihm unsere liebenswürdige Zahnarztfrau aus Bern einen Drink servieren lassen — nichts kann sie davon abhalten —, obwohl es nach langen Verhandlungen klar wird, daß er strenggläubiger Moslem ist und niemals Alkohol trinkt.
Endlich nimmt er ihr zuliebe einen Fruchtsaft.
Unsere Kreuzfahrt nähert sich dem Ende, Frau Inge sammelt die Trinkgelder für die Mannschaft, sie fordert reichlich, man legt an die zwei bis drei Prozent des Rundreisepreises noch darauf. So schaffen sich die Reiseleiter Ansehen und gewinnen Unterstützung für zukünftige Probleme mit anderen Gästen.
Während des Abendessens im Speisesaal wird unser ältester Gast, der Schweizer Zahnarzt, der so oft an Deck saß und aquarellierte, von der Besatzung gefeiert. Die Kellner stellen eine Torte mit Kerzen vor seinen Platz, musizieren und tanzen, sie schlagen das Tamburin, die Schellen, klatschen in die Hände über den Köpfen. Ihr Gesang klingt afrikanisch, die jungen Burschen sind fröhlich, ausgelassen, es macht ihnen Spaß. In Wahrheit feiern sie sich selbst und ihr Temperament. Kein Europäer kann noch so unbefangen-naiv und anmutig vergnügt sein. Sie ermuntern uns zu einer Polonaise durch den Speisesaal. So oft sie das auch machen mögen, bei jeder Kreuzfahrt und im Abstand weniger Tage, es wirkt spontan und wie aus dem Augenblick geboren.

ASSUAN Der Ort präsentiert sich als modernes, gepflegtes Städtchen. Hier gibt es wieder höhere Häuser, Bäume an der Uferpromenade, rote, fast violette Höhenzüge. Die Fähren haben die schöne Form alter Barken. Der Nil liegt im flirrenden Silberlicht, rechts eine grüne Insel, darauf der häßlich-moderne Komplex des Hotels Oberoi mit einem Wasserturm, dahinter Dünen und Felsblöcke, Feluken, durchleuchtete Segel. Ein Raubvogel — es könnte der Horusfalke sein — kreist dunkel über dem Strom.

KITCHENER- ODER PFLANZENINSEL

Mittags kreuzen wir in einer Armada von Booten zu der Insel hinüber. Das Gesicht unseres jungen Schiffers, eines Nubiers, ist vornehm, sehr dunkel, fast so dunkel wie seine Haare. Vor uns, auf den Bergen, liegen die Gräber der Gaufürsten des Alten Reiches, Höhleneingänge. Das Boot legt sich zur Seite, das Wasser schmatzt, der Wind singt, im Bug kauert der Gehilfe, ein Knabe in einer moosgrünen Galabeja, an seinen nackten Füßen leuchten die Nägel wie helle Steine. Er blickt unbeteiligt aufs Wasser. Vor dem Ufer bewegen sich Algenteppiche, ein Ibis sucht darin nach Nahrung. Fischreiher — es soll auch Kormorane geben.

Auf der Pflanzeninsel empfängt uns zunächst das übliche Souvenirtheater, aber unaufdringlicher als anderswo, der Nubier ist stolzer, wir sehen auch keine bettelnden Kinder, und die Ketten an den Verkaufsständen sind feiner, kunstvoller.

Wir eilen durch den Botanischen Garten, mit riesenhohen Zukkerpalmen, Eukalyptus-, Feigen- und Teakbäumen, einer Überfülle kleiner Blüten, Hibiskus, Granatapfel, Akazien und Ebenholz, sehen vierzig verschiedene Palmenarten in dieser einzigen Baumschule Ägyptens.

Ein grauhaariger Gewürzverkäufer schenkt Shaofang ein Beutelchen frisch duftenden Kümmel, nachdem sie vier Päckchen Safran zu einem Spottpreis gekauft hat. Ein unbekannter Vogel ruft aus dem Baumdickicht, dumpf und klagend.

Assuan ist berühmt für seine Gewürze, man bietet Karkadé an, Blüten von Sabdariffa-Eibisch, woraus man hier würzigen Tee bereitet, Safran, Koriander, Kardamon, Henna, Pfeffer, Curry, Kümmel und Pfefferminze, und gewiß noch vieles andere, was wir nicht kennen.

Im Weitergehen, von Stand zu Stand, unter den schattigen Bäumen auf gepflegten Wegen, stehen nubische Mädchen am Rand, fröhliche Schönheiten. Sie lachen, gackern und freuen sich über Shaofang, die Asiatin mit dem fremdartigen Gesicht. Frau Inge meint spöttisch: «Die Leute haben hier Hirne wie Spatzen.»

Eine Treppe hinab. Da liegen die Boote in einer Bucht, ein halbrunder Wald heller, strahlender Segel. Wir fahren hinüber zum

Mausoleum von Aga Khan, das auf einer einsamen Höhe steht, auf Sand gebettet, im Angesicht der schönen Stadt — einsam, wenn es die Heerscharen von Besuchern nicht gäbe. Der Aufstieg ist beschwerlich, doch genießt man einen reizvollen Blick auf die darunterliegende Inselwelt. Vor dem Tor stehen die Menschen Schlange, wir verzichten.
Zurück, wir suchen das Boot. Unser Nubier reicht uns die Hand, hilft uns über das schmale Brett. Wir segeln durch eine Nilenge, Schärenlandschaften, vorbei an pittoresken Felsen, auf denen man noch die eingemeißelten Kartuschen der Könige des Alten Reiches sieht. Hier, in der Natur, berühren uns diese Zeugnisse vergangenen Daseins fast noch mehr als in den Tempeln, so unerwartet sind sie, so unmittelbar. Auch diese Steine gab es damals schon, unverändert.
Wir gleiten still an alten Raddampfern vorbei. Sie sind noch in Betrieb und bei den Engländern beliebt, ihre Tanks rosten, die Schiffe sind klein, blau und weiß und könnten aus den Zeiten der Königin Victoria stammen.

OLD CATARAKT HOTEL

Ein altes, rotbraunes Haus, daneben ein hoher Neubau, den man am besten vergißt. Aber auch unser Old Catarakt Hotel ist ein Beispiel für neuägyptische Schlamperei. Seit über vier Jahren wird das weltberühmte Haus, in dem Kaiser und Könige wohnten und Agatha Christie den «Tod auf dem Nil» geschrieben hat, renoviert, ist es eine Baustelle und wird es noch lange bleiben. In den hundert bereits wiederhergestellten Zimmern stehen atmosphärelose, pseudoarabische Möbel, in den erneuerten Badezimmern sind schon jetzt wieder Kacheln und Spiegel zerbrochen, tropfen die Wasserhähne.

Doch all das vergißt man, denn die Lage ist einzigartig, ein hübscherer Platz ist auf dieser Erde kaum vorstellbar. Schon wenn man die Außentreppe im Garten zur Terrasse emporgeht, duftet es süß und zart. Glücksgefühle stellen sich bei mir ein, Erinnerungen an Jugendtage in Ascona, Taormina.

Dazu die Wärme.

Dann bedauert man, daß der Schriftsteller nie ein Bild wiedergeben kann. Selbst mit sehr großer Kunst könnte er höchstens eine blasse Vorstellung erzeugen. Auch kein Gemälde, keine Fotografie.

Alles bleibt farblos vor dieser Wirklichkeit.

Wir haben ein Zimmer in der ersten Etage, geräumig, sanft verstaubt, mit einem großen Balkon und jenem Blick, den man unauslöschlich nennen könnte, wenn wir mit einem fotografischen Gedächtnis gesegnet wären. Wir schauen auf den braunen Flußarm, der sich verbreitert wie ein See und die Insel Elephantine umfließt. Auf dem Wasser einzelne Boote mit weißen Segeln. Rote Steine, runde Felsen, abgeschliffen und geglättet von den Zeiten, das Dorf, die Palmen, die Ruinen auf der Insel, die Wüstenhügel im Westen, zuoberst das Mausoleum des Aga Khan. Von hier aus gleicht es einem Edelstein, erscheint es winzig auf der Düne. Auch das Simeonskloster, auf dem Berg, schon in der Wüste, können wir erkennen, dort über die Höhe geht die Karawanenstraße zur Oase Kurkur.

Ich kenne die Oase so wenig wie ihren Namen, aber es braucht nur eine geringe Einbildungskraft, um die Tiere, Kamel an Kamel, schreiten zu sehen, um an wortkarge alte Männer zu denken, deren Weisheit so groß ist, daß sie nur noch schweigen, an verschleierte Frauen, an kalte, dunkle Nächte in der Einsamkeit. Man kann hinaufsehen zu dem Wüstenpfad, und der Wunsch wächst, selbst nach Kurkur unterwegs zu sein. Man schließt die Augen, um das Bild nicht zu verlieren, und die Verzauberung wird so groß, daß die Seele nicht wiederkehren möchte aus den Gefilden, in denen die Gelassenheit zu Hause ist — und die schönsten Märchen der Erde.

Vielleicht, wenn einmal nichts mehr geblieben sein wird von uns Menschen und der Schöpfer überlegt, was wohl würdig gewesen wäre, dem Universum erhalten zu bleiben, von Ewigkeit zu Ewigkeit, vielleicht entscheidet er sich dann für eine durch den Wüstensand ziehende Karawane mit der Sehnsucht nach der Oase.

Und als sei es nicht genug der Augenherrlichkeit, geht endlich die Sonne unter über den Sandbergen. Schnell sinkt der pulsierende Ball, so flammend, daß es kein Wort dafür gibt und man wieder begreift, daß der Mensch der Frühzeit gar nicht anders konnte, als in Anbetung zu versinken.

Die Erde nagt die Lichtscheibe an, verschlingt sie, dann werden die Hügel schwarz, und das Land bedeckt sich mit Schatten. Nur der See unter uns, der Flußarm, bewahrt in seiner Tiefe die Helligkeit noch, ehe auch er sie zögernd der Nacht übergibt, die sich über alles legt.

Aus dem Nubierdorf von Elephantine schallt die klagende, alles übertönende Stimme des Muezzins, kreischen und schreien die Kinder.

Schon in der Dämmerung des Morgens, die Uhr zeigt fünf, erwacht das Dorf wieder, Männer rufen, Hähne krähen, und Esel jammern.

Um sieben ist der Tag da in ganzer Pracht, der Wüstensand leuchtet goldrot, wie von innen heraus, noch gibt es schwarze Schatten, die Sonne steht schräg. Das Licht blüht auf, während der See noch schläft. Die ersten Segelboote kreuzen. Es ist kühl, der Wind macht frösteln.

Wir haben ein «Tier» im Zimmer. Nachts rumorte es im Papierkorb und störte Shaofang. Ich stellte den Papierkorb mit einem gewissen Grausen auf den Balkon. Mittags fehlt uns ein Hörnchen, das wir vom Frühstück mitgebracht haben. Wir finden es auseinandergebissen neben der Kloschüssel. Nun füttern wir mit den Krümeln die Spatzen. Frau Inge meint, es sei sicher ein Marder, und sie erzählt uns angeregt von einer Maus, die sie so lange in ihrer Küche äffte und narrte, bis sie ernsthaft an Auszug dachte. Da sei die Maus plötzlich still gewesen, als habe sie das denn doch nicht gewollt.

Das Frühstück ist fast chaotisch, immer wieder kommen nubische Kellner in beigebraunen Gewändern an den Tisch, nehmen die gleichen Bestellungen auf, und doch geschieht nichts. In den Gängen stehen Bedienstete herum und wischen gelegentlich mit dem Fliegenwedel über die Wände.

Alles ist schmuddelig, viele Gäste beschweren sich über Haare im Waschbecken. Andererseits haben wir abends einen kindlichen Spaßvogel zur Bedienung, einen fröhlichen Kasper, der ganz unbefangen mit den Damen flirtet, scherzt, lacht, mehrmals Nachtisch bringt und sich, und uns, königlich amüsiert.

Sogar der würdige Oberkellner schmunzelt.

Dafür wiederum ist der Chef des Personals, der die Teegäste auf der Terrasse bedient, von ungeheurer Herablassung. Grauhaarig und distinguiert, wirkt er hier schon Jahrzehnte und ist von Fürsten fürstliche Trinkgelder gewohnt. Uns Gruppentouristen schiebt er mit einer Gebärde des Ekels, die so verletzend sein soll, daß sie schließlich nur noch amüsiert, die Kannen und Tassen auf die kleinen Tische.

DER UNVOLLENDETE OBELISK

Mit dem Bus fahren wir auf der Uferstraße in die Steinbrüche. Die Souvenirverkäufer sitzen mit ihren bunten, bestickten Käppchen hufeisenförmig unter den geschichtsträchtigen Granitblöcken. Sowie sich eine Gruppe nähert, beginnen sie stereotyp, doch ohne eine Miene zu verziehen, Messinggongs und winzige goldene Becken zu schlagen, mit hellem, schepperndem Ton, wie aufgezogene Automaten. Es wirkt unsagbar komisch. Kaum sind die Besucher an ihnen vorbei, die Steintreppe hinauf, lassen sie ihre Instrumente wieder sinken.

Der unvollendete, große Obelisk liegt schräg im Fels, ein brauner Block, eine von Menschen begonnene Arbeit. Schweiß, Flüche und Anstrengung, doch alles ist verweht, wie die Gedanken, die Gefühle, die Sorgen und Wünsche der Arbeiter. Nur ihr begonnenes Werk blieb liegen, lag hier seit vielen Jahrtausenden, während sich die Welt vielleicht eine Million und achthundertfünfundzwanzigtausendmal drehte, vielleicht mehr, vielleicht weniger, was kommt es darauf an — während Rom gegründet, Cäsar ermordet wurde, Christus am Kreuz starb, Europa entstand, Städte, Kirchen, Kathedralen, Klöster, Hexenwahn, Ketzerverbrennungen und Kriege. Er lag hier all die Zeit, er glühte mittags und war kühl in der Nacht, die Sterne kreisten über ihm — und nun treten wir auf ihm herum und hören stumpfen Sinnes, daß er zweiundvierzig Meter lang ist, vier Meter zwanzig breit, tausendeinhundertachtundsechzig Tonnen schwer, daß er nicht vollendet wurde, weil er riß, ein Mißgeschick. Mit Granitkugeln wurde er freigehämmert, in vorbereitete Löcher und Schlitze preßte man Holzkeile, man machte sie naß, und indem sie aufquollen, sprengten sie den Granit.

Ringsum eine Mondlandschaft, über die schmale Pfade ziehen.

Vom verstaubten Hügel, der zu jedem beliebigen Steinbruch gehören könnte, von dem niemand auf die prächtigsten Tempelbauten der Alten Welt schließen kann oder darauf, daß die hier herausgemeißelten Obeliske auf den schönsten Plätzen der Welt stehen, schaut man auf die graue Stadt Assuan, die zusammengesetzt zu sein scheint aus geometrischen Mustern, auf das Gräberfeld und den einfallslosen Hochbau des New Catarakt Hotels.

ASSUAN-DAMM Über den ersten Nilkatarakt gelangen wir auf die Mauer des alten Stausees. Unter uns breitet sich die Steinwüste im vielarmigen, silbernen Nil aus, rechts die Villen der Engländer im Palmenhain, das sprudelnde Wasser springt um Inselchen aus Geröll, Steinen und grünen Pflanzen.
Der neue Assuan-Damm hat den riesigen Nassersee gebildet, zweihundert Kilometer in den Sudan hinein. Die Lichtfläche dehnt sich weit nach Süden aus, nur die Bergrücken hindern sie daran, mit dem Himmel zu verschmelzen.
Frau Inge berichtet ausschließlich von den Segnungen des Staudammes, sie folgt damit wohl der offiziellen Lesart, von der die enormen Schwierigkeiten und die ökologischen Nachteile heruntergespielt werden.

Insel Bigga, auf der Fahrt nach Philae

PHILAE Am See liegen die Motorboote, unseres ist von einem Sonnensegel beschattet. Ein ehrwürdiger, ledergesichtiger Nubier fährt uns, er ist lieb, aufmerksam, sogar herzlich. Sein zartgraues Schnurrbärtchen steht fast weiß auf der dunklen Haut, über seiner hellblauen Galabeja leuchtet der schneeweiße Turban äußerst dekorativ. Hier herrscht tiefer Friede, kein Kindergeschrei, keine Aufdringlichkeit stören diesen Ort der Verzauberung.
Die kurze, ruhige Fahrt geht gemächlich über die helle Fläche, die ein Spiegel des Himmelsglanzes ist; aus dem See ragen rötlich-braune Felsbrocken wie Türme — einige sind mit Kartuschen geschmückt —, und wieder ergreifen mich diese dekorativen Zeugnisse aus so lang vergangener Zeit mitten in der Natur. Sie sind sichtbare Zeichen dafür, daß sich nichts geändert hat seit den Jahrtausenden, in denen wir Menschen die Welt mit unserer lärmenden Zwietracht erfüllten.
Es sind Kartuschen aus dem Alten Reich.
Die Steine wetteifern miteinander um die apartesten Formen, bizarre Gebilde spiegeln sich im kristallklaren Wasser, graue Fischreiher steigen auf, lassen sich wieder nieder.
Früher war hier eine ganze Tempelstadt, der Ort war so voller Reiz, daß man ihn die «Perle Ägyptens» nannte. Vom neuen Stausee überflutet, wurde ein Teil gerettet und auf eine ähnliche Insel versetzt.
Dort angekommen, zieht ein Bub unser Boot an Land. Er steigt ins Wasser, hebt die Galabeja hoch und entblößt seine Beine. Es sind fast nur Knochen — sicher kein Zeichen von Entbehrung, sondern eines der Rasse, und als er aussteigt, glänzen seine Beinchen dort, wo sie naß wurden, bis zum kindlichen Knie wie lakkiert. Darüber sind sie stumpfbraun, staubig.
Der Tempel von Philae ist wie ein Juwel in kostbarer Fassung, auf den Händen der Erde aus dem Wasser gehoben und dem Wind und den Gestirnen, der Sonne und den Lichtfluten dargeboten.
Um die weißen Säulen des Kioskes aus der römischen Kaiserzeit wachsen Gräser. Unter Kaiser Trajan war er das Ziel von Prozessionen, heute bauen hier Spatzen ihre Nester, und das helle Licht des Sees flimmert durch die Öffnungen.

ASSUANS BASAR

Es ist erst fünf Uhr abends, aber schon bricht die Dämmerung ein, die Häuser und die Bäume werden grau. Auf der sanft abfallenden Straße kommt uns eine alte Frau entgegen, im schwarz wehenden, langen Kleid, den Schleier halb über das Gesicht geschlagen — eine nachtdunkle Wolkengestalt. Sie trägt ein Körbchen mit gackernden, weißen Hühnern auf dem Kopf. Der Korb stößt an einen tiefhängenden Ast, und im Bemühen, ihre Last zu halten, beugt sie sich ruckend weit zurück und stürzt dabei auf das Trottoir. Das Körbchen mit ihr. Sofort sind die Hühner still, doch nur für einen Moment, um dann um so empörter durch das Gitter zu plärren und zu krakeelen.

Wir springen hin, um ihr zu helfen, aber sie hebt wie beschwörend ihre dunklen Hände mit den hellen Innenflächen und winkt uns ab: «Es ist nichts, es ist nichts!»

Ein Kind zieht sie empor. Und stolz, die schimpfenden Hühner auf dem Haupt, weht sie davon.

Achmed, ein freundlicher, lustiger Bub, der mit seiner Kutsche an der Straßenecke wartet, lockt uns so unwiderstehlich, daß wir zu ihm einsteigen. Er fährt uns mit seinem Schimmel durch die Stadt, vom Verdeck baumelt Metallschmuck, schlägt klingend aneinander. Achmed will uns zeigen, daß er ein guter Fahrer ist, er läßt seine Peitsche knallen und jagt jauchzend an anderen Kutschen vorüber. Der leichte Wagen schlingert, und wir schwanken mit. Morgen will er wieder auf uns warten.

Wir schlendern durch die Gassen der Stoffhändler, vorbei an kleinen und kleinsten Läden, elektrisch beleuchtet, voller aufgetürmter Stoffballen aus bedruckter Baumwolle, herabhängenden Schals und Gewändern. Dann in die Basarstraße. Sie ist nicht sehr hell, man schreitet in einem diffusen Licht, das an alte, schlechtbelichtete Fotos erinnert.

Die schmale, sich aber lang dahinwindende Straße ist äußerst belebt, man drängt sich durch die Menschen, fast nur Araber, Nubier, selten einige Touristen. Die Häuser sind abgewohnt, der Putz bröckelt, und doch sehen sie nicht eigentlich heruntergekommen aus, sondern eher wie vom Schicksal umwittert. Gerne wüßte ich, wie ihre Bewohner hausen, was sie denken, was sie tun, was sie fühlen, über was sie sich freuen und worüber sie sich erregen. Im Zweifel ist es nicht viel anders als bei uns. Malerisch dürfte man diese nächtliche Gasse vielleicht nennen in ihrem staubigen Zauber. Grau sind auch die Fensterläden, die meisten hängen schief in den Angeln.

Auch hier sind die Geschäfte vollgestopft, nichts ist so kostbar wie der Platz, übereinandergestapelt liegen die Waren, und die Kaufleute sind vorwiegend damit beschäftigt, suchend das Unterste zuoberst zu kehren. Stoffbahnen leuchten vor den Fassaden, im Inneren türmen sich Blechdosen bis an die Decke, in der nächsten, düsteren Ecke lädt ein schmuddeliges Café kaum zum Verweilen ein, eine Herde gelblicher Schafe bricht blökend aus einer dunklen Seitengasse hervor, ihre bekümmert geöffneten Mäuler zittern. Gegenüber hat Ibrahim seine Gewürzbude, er ist ein Künstler, denn er stapelt alle Gewürze Arabiens farblich abgestuft auf, vielleicht erleichtert ihm diese bunte Ordnung das Finden. Ibrahim ist äußerst korrekt, wiegt genau, ist die personifizierte Liebenswürdigkeit und Fröhlichkeit, dafür läßt er aber auch nicht mit sich handeln, das paßt nicht zu seinem exquisiten Image. Jung ist er, seine Augen funkeln so fröhlich wie dunkel in dem braunen Gesicht mit der glatten, schimmernden Haut. Es ist klar, die winzige Bude, nicht größer als bei uns der Zeitungskiosk an der Straßenecke, täuscht: Ibrahim ist ein königlicher Gewürzkaufmann mit weitreichenden Handelsbeziehungen, und so ist auch seine Visitenkarte, die er uns für spätere Einkäufe aus dem fernen Europa überreicht, arabisch und englisch, zartrosa mit geprägten Goldbuchstaben.

Am nächsten Haus hat sich ein Esel quergestellt, man schiebt sich an ihm vorbei, als existiere er nicht. Er läßt den Kopf hängen, versunken, ganz Demut — vielleicht ist er ein verzauberter Prinz.

Hell lodert das Feuer im Ofen des Fladenbäckers. Es ist wie in einem Theater, alles ist zur Straße hin offen, man soll sehen, was getrieben wird. Die Brote werden noch warm verkauft, aber der Bäckerjunge fürchtet sich vor meinem Notizblock, er will nicht, daß ich hier stehenbleibe und über ihn schreibe, ich soll weitergehen, er winkt energisch. Er scheint eine große Scheu vor dem Schreiben zu haben, als sei es ein Zauber, hingegen läßt er sich lachend fotografieren und hält höchstens die Hand auf. Er ist fast noch ein Kind, macht aber keinen geschundenen Eindruck, eher

ist er stolz, daß er dazugehört. Im Mittelalter war es bei uns wohl nicht anders, als das Kindsein mit dem sechsten Lebensjahr endete und man ein kleiner Erwachsener wurde.
Durch die enge Straße knattern hie und da langsam einzelne Motorräder, nicht oft, sie sind selten, kostbar, und immer sind es japanische Marken.
Ein Händler bietet knallbunte Pantoffeln an, sie kommen sichtlich aus einer Fabrik. Neben ihnen haben sich tiefschwarze Frauen auf der Türschwelle niedergelassen und schwatzen. Ein Schneider näht auf der Straße mit der alten Fußnähmaschine, ein anderer mit der Hand. Nubierinnen erwerben Goldreifen, sie sind ihr Kapital, sie tragen es am Körper, der Juwelier wiegt auf der Feinwaage. Baumelnde, nackte Glühlampen leuchten, Stimmen schwirren, Plastik ist auch hier im Vordringen, Eimer, Schüsseln, Kannen. Verkäufer füllen aufgeschnittene Fladenbrote mit einer Gemüsemischung.
Rings an die angestrahlte Moschee lehnen sich Stände mit Gewürzen, innen sitzen betende, sich gegen Mekka verneigende Männer, draußen schreiten andere in langen, weiten Galabejas vorüber. In der geisterhaften Dunkelheit scheint alles zu schweben, weil der Unterschied von Himmel und Erde, von oben und unten aufgehoben ist.
Stellenweise ist die Gasse zum Schutz gegen die Sonne mit schräghängenden hellen Leinentüchern überspannt, jetzt in der Nacht, wecken sie eine fast märchenhafte Erwartung auf etwas Besonderes, die dann doch nicht erfüllt wird.
Ein Souvenirhändler nennt sich weltgewandt Bazzar Camp David und dokumentiert so sein Einverständnis zum Frieden mit Israel. Aber wer weiß, vielleicht ist er auch ein Jude, jedenfalls fürchtet er kein Attentat.
Der Haarschneider stutzt einem Buben die krausen Haare, es ist bei ihm recht schmuddelig — ich denke unwillkürlich an Läuse, doch vielleicht tue ich dem wackeren Friseurmeister auch Unrecht. Die Menschen reden, schreien, aus einigen Fenstern grölt das Radio. Es gibt hier sogar einen Buchstand mit Liebesromanen, bunten Heftchen, grellen Titelbildern — fast weltstädtisch.
Wir Fremden werden nur selten angesprochen, niemals belästigt, und nur ein einziges Mal bettelt eine junge Frau. Im Vorbeigehen

streckt sie die Hand aus, wendet sich aber gleich wieder ab. Wir sehen auch sonst keine Bettler, fast kein Elend, einmal einen Invaliden auf einem zusammengebastelten Dreirad. Er bewegt sich vorwärts, indem er die Pedale vor seinem Körper mit den Händen betätigt.
Auf dem Gemüsemarkt ist alles dekorativ aufgeschichtet, es gibt körbeweise getrocknete Datteln und andere Früchte.
Vor dem verstaubten Kino spielen die Männer hingebungsvoll Domino, sie halten ihre sechs Steine so geschickt wie Kartenspieler in der linken Hand, heben sie vor die Augen, wählen aus und klatschen sie umgedreht, mit den Punktzahlen nach unten, wieder auf den Tisch.
In einer engen Bude kaufen wir Mineralwasser. Die Waren sind an den Wänden hochgestapelt, es erinnert alles ein wenig an Italien, aber Italien ist im Vergleich dazu reich, vornehm, wohlsortiert und luxuriös.
Und doch: hatte ich in Asien so oft das Gefühl des Verfalls, des Niederganges, meine ich hier viel eher an der Quelle zu sein, an der Quelle menschlichen Handelns und Empfindens. Allerdings wissen diese Menschen kaum, wie es anderswo aussieht, sie leben nur in ihrer eigenen Welt, unfähig, anderes zu begreifen, und noch weniger fähig, nach Erkenntnissen zu handeln. So wird einem auch hier wieder klar, wie unausweichlich die ökologische Katastrophe sein wird. Wir Menschen leben in gewissem Sinne alle auch wie Computer, unser Verhalten ist programmiert, zwar nicht auf die Vernichtung unserer Spezies, aber auf den nächsten, zweckmäßigen Schritt, auf die nächste uns nützliche Handlung — und all diese Handlungen zusammen führen zum Untergang. Was wir brauchen würden — heute —, wären Verhaltensmuster für ein Netzwerk von tausend künftigen Schritten, die alle nur denkbaren Entwicklungen berücksichtigen, sie voraussehen, sie abwägen würden. Wir könnten uns dann für die beste, mindestens die am wenigsten schädliche entscheiden. Wäre das möglich? Bei uns nicht, und erst recht nicht bei so unwissenden, gefühlsbetonten Völkern, die heute Mittel in die Hand bekommen, die ihnen und ihrer Überzahl zuviel Macht verleihen. Denn alle «Entwicklungsländer» sind «erstmals Länder», nach dem Grundsatz: Erst kommt das Essen, dann die Moral, erst kommt die Entwicklung,

dann die Erhaltung der Natur. Und leider — wenn die Entwicklungsländer im Zustand des ökologischen Analphabetentums leben — beginnen wir ja auch erst, dieses Alphabet mühsam zu buchstabieren. Wir glauben, punktuell alle Probleme lösen zu können, und schaffen mit jeder Lösung neue, globale, die dann unlösbar sind.
Im Kaufhaus suchen wir nach zwei grauen Wollschals für die Fahrt in die Wüste. Das staatliche Geschäft hat feste Preise. Feilschen ist nicht möglich. Es ist ein zwei Stockwerke hoher Schuppen, vollgestopft mit Waren, mit Menschen, ein großes Durcheinander, aber welch ein Kontrast zum bunten, lebendigen Basar, wo die kleinen Kaufleute selbstverantwortlich handeln, kämpfen, schlitzohrig betrügen oder ehrenhaft schachern, temperamentvoll auf ihren Vorteil bedacht, ihre Kunden kennen, mit ihren Lieferanten verbunden sind, vielleicht sogar durch Familienbande.
Hier dagegen ist das Reich der uninteressierten, kaugummikauenden Verkäuferinnen, schlagerberieselt und nach den Uhren schielend, die den Arbeitsschluß melden.
Hier ist der Fortschritt.

ELEPHANTINE Bevor Assuan gebaut wurde, war in Abu, dem Elefantenland, Elephantine, die kleine Insel im Nil, von seinen Armen umschlossen, seit sechs Jahrtausenden besiedelt, war Festung gegen den Süden, Heiligtum der Satis, der «Bringerin des Wassers», mythische Quelle des Nils, Beherrscherin des Flußverkehrs nach Nubien und der südlichen Handelsstraßen.

Elephantine war auch Stapelplatz des Elfenbeins, verwaltet von den Karawanenführern. Denn es war nicht nur die Fruchtbarkeit des Nils, die Ägypten den ungewöhnlichen Reichtum brachte, es waren genauso die Karawanen, die nach Nubien zogen, handelnd und raubend, bis in den Sudan und zu den «Terrassen des Weihrauchs». Von dort her kehrten sie mit den Schätzen wieder, die den Pharaonen Luxusbauten und ein Leben in Pracht ermöglichten, so daß sie blühende Städte und riesige Tempelanlagen bauen und ihre Mauern und Säulen schmücken konnten. Später wurde die Stadt nach Assuan verlegt. Und in römischer Zeit überragte der Chnumtempel die Insel mit seiner fünfzehn Meter hoch vorgebauten Terrasse.

Zwei Segelboote setzen uns zur Insel über. Am Nilometer steigen wir aus. Er ist ein sechzehn Meter hohes «Treppenhaus», in dem der Wasserspiegel sich hob und senkte. Danach wurden die Feldarbeiten organisiert und die Steuern berechnet. Denn von dem Wasserstand und der Überflutung der Felder hingen die Fruchtbarkeit und die Ernten ab. Vom Beginn des Monats Mai stieg der Strom an, gelassen, aber ohne Unterlaß, schwoll und trat etwa Mitte September über die Ufer, bedeckte Äcker und Felder, so daß alles Land ertrank und ein See wurde, aus dem Dörfer und Städte herausragten. Dann setzte sich der an Nährstoff reiche Schlamm ab, und der Strom zog sich zurück ins alte Bett. Das war um die «Winterzeit», so daß man das Jahr als dreigeteilt empfand: Überschwemmung, Aussaat und Ernte, Trockenzeit oder Brache.

Heute, nachdem die Staudämme den natürlichen Rhythmus zerstört haben — oder auch regeln, ganz wie man es sieht —, hat der Nilometer keine Bedeutung mehr. Und statt des fruchtbaren Nilschlammes, der zurückgehalten wird, braucht man künstlichen Dünger.

Vom Tempel stehen nur noch die Grundmauern, Rechtecke in brauner Erde, Felsblöcke. Nebenan liegen freundlich die hellblauen und gelben Häuser des nubischen Dorfes, aus dem abends das Geschrei der Kinder zu uns herüberschallt. Unser Boot schaukelt unter einer berühmten Sykomore, an deren ausladenden Ästen die roten und grünen Früchte in Bärten wachsen. Sie, die «Nil-Akazie», der «Dornbaum» mit den gelben Blüten, war in frühen Zeiten ein heiliger, ein verehrter Baum.
Am Ufer waten graue Gänse, sehr ähnlich den Gänsen von Maidum, denen ein Kuhreiher erhaben seine Aufwartung macht.

SEHEL

Wir segeln lautlos hinüber zum nubischen Dorf, das Boot tanzt, schwankt. Wenn der Wind auffrischt, rauscht das Wasser vor dem Bug, der Rumpf beginnt zu dröhnen, an unserer Seite gleiten die Steine vorüber, zu weichen Formen gewaschen: Ohrmuscheln und Öffnungen, wie Ringe.
Ich blicke nach oben, ins Licht, und denke: Das Segel war nicht nur eine der sinnreichsten Erfindungen der Menschheit, sondern auch eine der schönsten.
Ein Fischreiher erhebt sich vom Ufergestein, steigt mit federnder Eleganz empor, der Körper gestrafft, die Schnabelspitze, mit der er die Luft durchsticht, voran, seine Flügel schlagen, während er auf das Wasser äugt, auf der Jagd nach Beute.
Wir kreuzen lange zwischen den Ufern und Inseln, manchmal durch starke Strömung, durch Strudel — und dann wieder Stille.
Wir legen am Ufer der Insel Sehel an. Da stehen schon die nußhäutigen Mädchen in bunten Kleidchen, von ihren Armen hängen Stränge bunter Glasperlenketten, Perlen aus Gablonz. Wir gehen auf feinem Sand, die Mädchen hautnah, vor, neben und hinter uns. Schreiend preisen sie ihre Waren an, strecken sie uns entgegen. Vorbei an einzelnen, auf der Unterseite halb vertrockneten Palmen, durch einen Kessel gleich einer Urlandschaft aus Geröll und Steinen. Wir klettern die Felsen empor auf Kirchturmhöhe, geleitet vom nubischen Führer im weißen Gewand, stehen über dem ersten Katarakt — ein Blick in die Runde, über den Strom, über das Geröll, über die Dünen, die Würfelhäuser des Dorfes.
Hinab, rutschend, zur «Teestunde»: Karkadé. Der Wirt und Besitzer eines sauberen Häuschens ist Staatsbeamter, er beherrscht hier den Handel mit Ketten, arbeitet am Vormittag in Assuan, nachmittags ist er daheim und empfängt Gäste. Er nennt zwei Frauen sein eigen, hat sieben Mädchen, aber keinen Buben, und man sagt: «Wenn er nun doch noch einen Sohn bekommt, dann stirbt er.» Die Töchter gelten hier nichts — arme Geschöpfe.
Wir sitzen im ummauerten Vorhof, etwa drei mal drei Meter im Quadrat, über uns ein Schattendach aus Palmblättern, im Haus dahinter zwei winzige Räume, sowohl zum Wohnen als auch zum Schlafen, behaglich im Dunkel des Tonnengewölbes. Es gibt fast keine Möbel, aber Kühle, Dämmerung, Rettung vor der Sonne.
Ein Bäumchen steht im Hof.

Der Tee ist rot, kühl und gesüßt, eine Art Himbeerwasser.
Zurück in die Glut, die Mädchen werden lästig, springen an uns empor, es ist ihre letzte Chance. Wir kaufen mehrere Ketten, und als ich sie schließlich wegscheuche mit dem Zauberwort «Yallah», «geh weg», werden sie wütend, fauchen mich an: «Nix Yallah! Gut für Nubien!»
So unrecht haben sie vielleicht nicht, in ihrer Armut.

ABU SIMBEL Kurz vor zehn Uhr sind wir im Bus zum Flughafen. Es ist ein frischer, klarer Morgen, langes Warten in großem Gedränge, gründliche Kontrollen.
Es wird rasch warm. Der Flughafen liegt in der Öde, in einer kahlen, reizlosen Landschaft. Endlich, gegen halb zwölf Uhr, fliegen wir. Wir sitzen auf der Westseite der Maschine, abgewandt vom großen Stausee.
Die Wüste dehnt sich unter uns, eine weite Fläche mit braunen Beulen, hell und dunkel gemusterten Schrunden. Bald ist ein wenig Wasser zu sehen, die gelbe Sandzunge leckt hinein, Inselchen wie zärtliche Muster, dann die erste, zaghafte Vegetation, ein Versuch zu existieren: grüne Algenränder, Schlamm und sogar Sumpf.
Die Berge sind edle, schwarze Kristalle, ohne jeden Bewuchs, nur nackter Stein, Schiefer und Granit.
Dann der Tempel Abu Simbel, am flimmernden Wasser, an den künstlichen Hügel geschmiegt. Vier riesenhafte, gelassen ruhende Figuren, Ramses II., der Sonne entgegenblickend und dem Fremden verkündend, daß hier sein Reich beginnt, das ewige, mächtige, dessen Herr und Gott er ist.
Das Aussteigen geht rasch, man will Platz schaffen für die nächste Maschine. Schnell zum Tempel, erst im Bus, dann zu Fuß. Seine Lage ist einzigartig, am Sonnenspiegel des Sees, über dem, weit in der Ferne, wie mit einem Lineal gezogen, das Gebirge den Blick begrenzt, stahldunkel: Kegel, Dreiecke und Pyramiden.
Sehr hell ist hier das Grün einzelner Bäume, die am Wasser stehen und Heiterkeit ausstrahlen. Doch verschwunden ist alles, was darunter liegt, überflutet und versunken: die Häuser Nubiens — einst wie aus einem Traumland, weiß getüncht, reich geschmückt, Dörfer «aus Atlantis» —, in deren Nähe sich Störche, Pelikane und Reiher versammelten.
In den Tagen des alten Ägypten war Nubien nicht nur ein Kornland (Simbel bezeichnet eine Weizensorte). Von hier kam auch Reichtum: Gold im angeschwemmten Schutt, Gold in Adern von gewachsenem Quarz, auch Holz, Elfenbein, Edelsteine, die seltensten Tiere, Weihrauch, Straußenfedern und Schminke.
Endlose Karawanen grauer Esel, die auf ihren geduldigen Rücken Fette, Honig, Kleider, Fayencegefäße und Alabastervasen nach

Abu Simbel

Nubien brachten, um von dort her ebenso schwer beladen zurückzukehren.
Jetzt brummt und knurrt hier ein alter, sehr einsam wirkender schwarzer Frachtdampfer vorbei, ein Spielzeug.
Vor dem kleineren Felsentempel der Hathor, den Ramses II. zugleich seiner großen Gemahlin Nofretiri weihte, stellt sich der Wärter dekorativ vor die Tür und hält einen «goldenen Nilschlüssel» empor, eine fast beschämende Narretei, wenn man an die prächtigen Zeremonien denkt, die einst, in Weihrauchduft und Fahnenschmuck, diesen Ort zum festlichen Treffpunkt machten.
Im dämmernden Inneren schwirrt ein Vogel um die Säulenköpfe der gehörnten Hathor und des königlichen Paares. Er sucht vor uns das Licht, die Freiheit — vielleicht ist es Nofretiris geflügelte Seele.
Hinüber zum Tempel des Ramses, dieses Gottkönigs, dann doch zuerst seitlich hinein unter die größte freihängende Kuppel der Welt. Man will auch sehen, was wir Heutigen können.
Es ist eine imposante, aus grauem Beton gewölbte Halle, die man bei der Versetzung des Tempels über diesen spannte, um ihn zu stützen, es gibt viel Bewunderung für die technische Meisterleistung, aber auch Zweifel: «Wird dieses Wunderwerk unserer Zeit ebenfalls dreitausend Jahre dauern? Denken wir nur an den Einsturz der Berliner Kongreßhalle.»
Die Tempelfassade, die vier gewaltigen Figuren mit der Doppelkrone, dem Königskopftuch, der Uräusschlange, dem Kinnbart, die zwischen ihren massigen Beinen die königliche Familie zeigen, darüber die betenden Paviane, die der aufgehenden Sonne entgegensehen — all dies rot in der gleißenden Sonne und Hitze ausströmend —, ist zur Heimat und Spielstätte flatternder Vögel geworden.
Merkwürdig erscheint es mir, daß sich ein Mensch für göttlich halten konnte, der doch seine Grenzen und Gebrechlichkeiten, seine Ohnmacht gespürt haben muß, selbst in so viel Glanz und Macht, der gelitten hat und von Leidenschaften gepeinigt war. Oder ist es nicht merkwürdig? Tun wir alle es vielleicht insgeheim, in gröblicher Selbstüberschätzung? Ist nicht unser ganzes Ich in Wahrheit auch unser Gott, der hartnäckig im Grunde unseres Herzens wohnt wie im Allerheiligsten und seinen Dienst, seine

Opfer verlangt. Wagte Pharao vielleicht nur zu verkünden, was wir verschweigen — und tat Christus nicht das gleiche?
Wir wissen, das Gegenteil ist «wahr», aber das sind nur unsere Gedanken, in unserem Fühlen sind wir unsterblich und ewig.
Beim Flug zurück liegt der Nassersee unter uns, seine Ufer sind zerrissen, ausgefranst. Da gibt es Tausende von Inselchen, ringsum aufragende Berggipfel. Der See krallt sich wie ein Polyp ins Basaltgebirge.
Auch die Sandwüste ist nicht leer. Unzählbar sind die unregelmäßig geformten Pyramiden mit granitfarbenen Überwürfen und Ebenen. Es ist eine goldene Mondlandschaft. Die Natur spielt auch mit den toten Formen, sie kennt allenfalls Ähnlichkeiten, niemals das gleiche, und schon gar nicht dasselbe.
Dunst liegt über dem Wasser.
Über dem kleinen Flughafengebäude von Assuan hängt noch ein Schild: «Welcome Sadat to his guests!»
Die Dämmerung hier ist nicht blau wie bei uns, sie ist braun und steigt vom Sand auf, der verdunkelt und in Schwarz übergeht. Auch der See wird schwarz, aber er leuchtet von innen heraus. Der Widerschein des Abendrots über den Bergen liegt darauf und spiegelt sich, am klarsten nahe dem Ufer. Alles ist ganz unbewegt, die letzten Segelboote kehren heim.

RÜCKFLUG NACH KAIRO

Im Hotel, auf der Terrasse, angesichts der Steinlandschaft des Nils, malt der freundliche alte Zahnarzt aus Bern rasch noch ein Bild, und seine Frau sagt mit kehligem Gaumenklang: «Mer isch ganz weh zmuet, das mer dä schön Fläcke müend verloh!»

Kleine Eidechsen, Geckos, huschen über den Boden und an den Mauern empor. Sie fangen, hochschnellend, fliegende Insekten.

Auch ich empfinde Wehmut, und mir wird erneut der Segen des Reisens bewußt, das uns von unserem Innern ablenkt, uns zur Beschäftigung mit dem Außen zwingt.

In gleißender Sonne, doch schon nachmittags, fahren wir im Bus zum Flughafen, Dankesrede an Frau Inge, die uns verlassen wird, Überreichung des Trinkgeldes.

Freundlichkeit allerseits.

Unsere Maschine hat mehr als eine Stunde Verspätung — wir sehen die Sonne über dem Sandland untergehen, der Himmel flammt auf, ein feuriger, hoher Reif über der Stirn der Erde. Im leuchtenden, transparenten Blau blitzen sehr klar die ersten Sterne auf, Diademe.

Als die Maschine endlich kommt, ein dunkler Punkt in der Höhe, der sich nur zögernd niedersenkt, scheint sie in der Luft zu hängen, fast bewegungslos.

Als wir abfliegen, ist es Nacht.

Der Bus, der uns in Kairo am Flughafen abholt, fährt rückwärts in ein falsch geparktes Auto. Es schließt sich ein halbstündiges, temperamentvolles Palaver zwischen unserem Chauffeur und dem Besitzer an, das wir mit der Neugier unbeteiligter Zuschauer mitanhören und genauso mitansehen, amüsiert, aber auch ungeduldig.

Es ist Shaofangs und meine zweite Ankunft in Kairo — und wieder das entsprechende Malheur.

Wartend sitze ich mit einem Reisegenossen auf der Mauer vor der Halle in der Dämmerung, ringsum huschen die Männer in den langen, weißen Gewändern — auch dies wie vor vierzehn Tagen, damals fiel es uns noch auf, heute ist es ein uns vertrauter Anblick. Wir kommen ins Gespräch, entdecken gemeinsame Bekannte, ja

Freunde. Er ist Chefarzt einer Frauenklinik in Norddeutschland und gesteht, daß er seiner Pensionierung mit Bangen entgegensieht. Er macht diese Reise auch, weil er ein Interessengebiet sucht für die Zeit danach. Ägyptologie, die Religionen, das frühe Christentum — das wäre vielleicht etwas.
Meinen tröstenden Einwand, er könne doch noch lange eine Privatpraxis haben, wischt er beiseite. «Nein», meint er, «ich gebe mich da keinen Illusionen hin, die Patientinnen kommen nicht zu mir, sie kommen in die Klinik!» Er beneidet mich, weil mein Beruf nie endet, solange ich denken kann.

SHERATON-HOTEL IN KAIRO

Die luxuriöse Halle ist durchflutet von Barmusik. So stellt man sich — wie überall — das «high-life» vor. Unsere interessierteste Mitreisende meint: «Dieses Hotel mit seinem Luxus ist hier die reinste Perversion.» Im Grunde hat sie recht. Aber wollen wir es wirklich anders? Und diese «Perversion» ist für die Menschen ja auch ein Ziel: so möchten sie leben. Und Ziele sind Antriebe, zum Guten wie zum Bösen.

Das Zimmer ist erholsam, es gelingt nicht, es innerlich abzulehnen, weil man sich eigentlich schämen müßte.

Auf das Abendessen im vollen Speisesaal, bei Barmusik, warten wir fast zwei Stunden, und es lohnt nicht. Der Koch ist ein Stümper, er schmückt die faden Erzeugnisse seiner Pfanne wie ein Hochstapler mit den glänzendsten Namen. Doch die Gattin des Schweizer Zahnarztes genießt alles und findet alles herrlich. Der Zahnarzt nickt und läßt auch das über sich ergehen, er wirkt jetzt übermüdet.

Wir werden von zwei blendend gewachsenen ägyptischen Burschen bedient, sie könnten die weiblichen Gäste nervös machen — vielleicht nicht nur diese. Wir verabschieden uns jetzt von den Teilnehmern, die nur die «Klassische Ägyptenreise» gebucht haben. Morgen fliegen sie. Es entsteht eine Herzlichkeit wie auf der ganzen Reise nicht. Nun verläßt uns auch der freundliche Internist, der Shaofangs Herpes behandelte, und der Bergrat, dem wir viele Aufschlüsse über die Steine verdanken, ein humorvoller Bayer mit seiner sympathischen Frau, die so lustig von ihren Einschlafschwierigkeiten erzählte («immer, wenn ich gerade einschlummere, beginnt er zu schnarchen und weckt mich auf») — die Tortur jeder Nacht. Aber sie mögen sich.

FLUG ANS ROTE MEER

Wieder früh aus dem Bett. Frau Inge kommt noch einmal ins Hotel. Wir verabschieden uns in großer Herzlichkeit. Alles hat so vorzüglich geklappt. Leider muß sie nun überraschend für eine erkrankte Kollegin einspringen und eine andere Gruppe betreuen. Sie hofft, daß trotzdem alles gutgehen werde. Unser Fahrer, Sahid, sei ein wahres Juwel. Als Begleiterin werden wir eine Ägypterin bekommen, die zum ersten Mal in den Sinai und in die Oasen fährt. Bald kommt sie, dunkelhaarig, noch unausgeschlafen. Ihr Deutsch ist nicht leicht zu verstehen. Ihr Name klingt so ähnlich wie «Doreya» — nennen wir sie so.

Bald liegt das Niltal unter uns, im Morgendunst, der schmale Streifen Kulturland ist gut zu erkennen: dieses Stück Fruchtbarkeit, das die Mutter dieser Jahrtausendkultur ist. Es ist so schmal und sieht aus, als klammere es sich an den Fluß, aus Angst, von der Wüste verschluckt zu werden. In Wirklichkeit ist es aber gerade umgekehrt: Der fruchtbare Boden hat die Wüste überschwemmt. Dieser schmale Streifen der Üppigkeit — wir sehen ihn jetzt mit anderen, fast liebevollen Augen — ist rührend, er ist so verletzlich und scheint geradezu ein Sinnbild für die Verletzlichkeit jeden Lebens auf dieser Erde zu sein. Es genügt wenig, um so Gewaltiges hervorzubringen, es genügt aber auch wenig, es untergehen zu lassen.

Aufsteigend, über den schräg nach unten weisenden Flügel hinweg, zeigen sich kurz die drei scharf akzentuierten Kegel der Pyramiden von Gizeh, am Rande der Monotonie, am Rande der sich unendlich nach Westen ausdehnenden Fläche der Unfruchtbarkeit. Nur diese Pyramiden kann ich aus der Höhe erkennen, scharfe Schatten werfend, während der Sphinx schon verschwunden ist, eingeebnet, wie die Gräberfelder, in die Fläche niedergezwungen.

Wir überfliegen Heluan, die Industriestadt, verschleiert vom Smog, und gleiten in großer Höhe über die östlichen Wüstenstriche. Einzelne Berge ragen empor, spielzeugklein, Verästelungen von Sandstreifen, wie ausgetrocknete Flußbette. Andere ebene Flächen zwischen Erhöhungen scheinen ausgetrocknete Seen zu sein. Auch das trügt — die Wüste äfft mit tausend Formen, die sie

sich woanders entlehnt haben könnte. Die Basaltgebirge ähneln arktischen Landschaften, sie sind durchzogen von gelben und schwarzen «Flüssen» und «Gletschern». Ja, wenn es das überhaupt gäbe, die schwarze Arktis, dann läge sie hier, in der Sonnenglut: Nachtgebirge mit Tälern, in die der Wind seine Fracht ablädt, ohne Unterlaß.
Man nennt diese Berge auch die Kordilleren Afrikas, zweitausend Meter hohe Gipfel aus Granit, Gneis, Diorit — kristallines Gestein und auch vulkanischen Ursprungs. Hier zogen in früher Zeit die Karawanen nach Punt und zum Sinai, zu den Kupfer- und Goldminen, zu den Bergwerken, in denen Türkis, Malachit, Smaragd und Lapislazuli gefunden wurden, die Zaubersteine der sagenhaften Reiche.
Zu unserer Linken, gegen Osten, das Rote Meer, das seinen Namen nur den roten Bergen verdankt, die es umgeben. Manchmal blitzt sein Blauschein durch die kleinen Kabinenfenster.
Im Wasser schwimmen kleine Inseln, Schmuckstücke, es ist alles sehr farbig, sehr intensiv und prall von Sonne. Auf unserer rechten Seite ist der Flug im Gegensatz dazu wie ein Überqueren «schwarzer Alpen», ich werde an Kohlenhalden von endloser Ausdehnung erinnert.
Nirgends wie hier kann man so stark empfinden, daß alles Leben aus dem Wasser kommt, alle Fruchtbarkeit, alles Grün. Wir haben es in der Schule gelernt, ja, aber hier ist es zu sehen, und es ist ergreifend, weil es eine so elementare, beinahe simple Erkenntnis ist. Eine kleine Ursache, aber was für eine Wirkung!
Und es verwundert, daß der Mensch, dieses unvernünftigste aller Geschöpfe (vielleicht weil es das einzige ist, das Vernunft hat?!), die Zerstörung des Wassers nicht unter die Kapitalverbrechen zählt. Früher einmal waren die Quellen und Flußläufe heilig — und heute? Vielleicht richten unsere Enkel einmal Galgen auf an den verseuchten Ufern.

MAGAWISCH Sehr glatte Landung auf harter Sandpiste, um uns nur Sand.
Höllenglut im Bus, wir werden nach Magawisch verfrachtet: eine neue Touristensiedlung sandfarbener Bungalows, Würfel, am Meer, in der Wüste, weitab von jedem einheimischen Leben, gemietet vom Club Méditerranée. Frau Doreya erklärt, das uns zugesagte Sheraton-Hotel sei ausgebucht gewesen.
Wir werden von einigen spärlich bekleideten jungen Leuten mit fröhlichem Gesang und Hula-Hula begrüßt — wir zeigen ihnen griesgrämige Mienen.
Schlechte Laune breitet sich in unserer Gruppe aus, ergreift jeden: «Was machen wir hier, fast drei Tage, so kostbare Zeit, das hätte doch besser organisiert werden können, wer sind wir denn?» — «Kein Bus, kein Taxi ins Land, nirgendwohin — ringsum das faszinierendste Gebiet: Meer, Sand, rote Berge, eine Höllenlandschaft. Wann sieht man so etwas wieder — und wir sitzen hier in Bungalows, können nicht weg.»
Im Hotel ist alles verschlampt, nichts funktioniert, es gibt kaum genügend Handtücher. Die Gruppe ist in Aufregung, verärgert, keinesfalls grundlos: «Man hätte doch . . .» — «Das wäre besser anders gemacht worden!» — «Ich meine . . .» — «Das wäre mit Frau Inge nicht passiert!» — «Das werde ich unserem deutschen Reiseveranstalter schreiben.» Aber was kann er tun? Wir sind in den Händen der Ägypter.
Baden im Meer, man muß weit hinauslaufen, der Strand ist sehr flach — blaudunkle Fläche, Empfindung der Sämigkeit, hoher Salzgehalt. Am Ufer spaziert eine Wollhandkrabbe, graziös setzt sie ihre Zehen auf, schiebt sich seitlich davon.
Shaofang macht einige Farbaufnahmen der toten, verkrüppelten Bäume als Vorlage für ihre Gemälde, dann übt sie unter Anleitung einer Animateurin Bogenschießen.
Am Spätnachmittag sinkt die Sonne unter die Zackenlinie der roten Berge, die dabei zu erblassen scheinen. Hinter den Bungalows liegt weit verstreuter Müll, aufgestapelte, verrostende Air-condition-Geräte. Auch das aus unserem Zimmer wird bald dort landen, es ist schon jetzt eine Ruine, Bad und Toilette sind sehr «italienisch» — und die ganze Siedlung existiert doch erst seit zwei Jahren —, staatlich, wie könnte es auch anders sein.

Noch während des Abendessens diskutiert die Gruppe, sie hat nun kein anderes Thema mehr, auch die vergangenen Eindrücke scheinen vergessen zu sein. Aller Ärger kehrt sich gegen Frau Doreya, die selbst ratlos ist. Zu allem Unglück ist unserem norddeutschen Arzt eine wertvolle Operationsbrille gestohlen worden, die keinem anderen etwas nützt, dazu Reiseführer und Bücher, neu gekaufte Schals. Es kümmert sich hier niemand darum, kaum ein Achselzucken.

Wie kann man die künftigen Tage im Sinai besser gestalten? Ohne einen Führer bricht alles auseinander, jeder hat eine andere Meinung und andere Wünsche.

Ich gäbe viel darum, in die wilden Massive der Arabischen Wüste zu kommen. Es ist unmöglich.

Die ganze Nacht bläst der Wind, noch am Morgen ist er frisch. Er hat etwas Besonderes: er trägt keine Gerüche, er ist, oder scheint, sehr trocken, sehr belebend, pulsierend. Man spürt, daß er tätig ist — er schleift die Berge, bewegt das Meer, trägt den Sand, formt um, man hat gegen ihn zu kämpfen.

Am Morgen dann ausgeschlafene, entspannte Gesichter. Reichliches Frühstück. Trotzdem wären viele lieber im Sheraton-Hotel. Wir fahren im Glasbodenboot eine halbe Stunde auf dem Wasser, es gurgelt bläulich-silbrig um den gläsernen Bug, Blasen nach hinten pflügend. Wir sehen nur wenig: eine stille Unterwasserwelt, «Wüsten» fast ohne Leben auch hier, alle Pflanzen und Fische sammeln sich um kleinste Gebirge, um Steine, Blöcke, um isolierte Hügel. Große Vielfalt der Farben und Formen, doch ist dies alles kaum ein winziger Vorgeschmack der Wunder, die das Rote Meer wirklich bietet.

An Land zurückgekehrt, blicken wir über die braunen Inseln, die das Ufer säumen, mit ihren Falten sehen sie aus wie zerknittertes Sandpapier.

HURGHADA Die Gruppe chartert drei Taxis — man will doch nicht nur rumsitzen. Die Asphaltstraße führt durch die Ebene, eintönig das Meer entlang. Ringsum Verwahrlosung, Heruntergekommenheit, geschändete Natur: Spuren der Menschen. Der Sand ist fast weiß, kalkfarbig. Kriegsmaterial liegt herum, Zelte, zerschossene Lastwagen, aus dem Krieg gegen Israel. Aber auch sonst Müll in Mengen, rostendes Metall, Blech — eingegrabene, aufgegebene Radarschirme, Trostlosigkeit.

Wir fahren zunächst zum Meeresbiologischen Institut, es besteht aus Wellblech- und Holzhütten. Im Hauptgebäude, in drei Zimmern, wurde ein Fischmuseum eingerichtet: tote, präparierte Tiere, die aus leeren Augen glotzen und ihre Lederhaut hinter Vitrinen zur Schau stellen müssen: die blühende Fauna des Roten Meeres, wie trocken, wie mumienhaft.

Im Betonbecken draußen schwimmen dann einige bunte Fische sehr dekorativ, und eine Schildkröte dreht Ehrenrunden, spuckt Wasser in feinem Strahl in die Luft.

Weiter nach Hurghada, dem Hauptort, im Eiltempo.

Zwei hellgelbe Moscheen, umflutet von grellem Licht, von aufsteigender, heißer Luft. Die Häuschen liegen weit verstreut und flach auf der leicht gewölbten Sandfläche, höchstens zwei Stockwerke hoch, meist aber ebenerdig und aus Beton — industriell, arabisch verschlampt, aber auch arabisch belebt. Deprimierend ist die kleine Stadt durch ihre proletarische Unkultur, durch den industriellen Ramsch, heruntergekommen, verdreckt, und vollkommen stillos und doch auch wieder erfreulich, weil von sprühender Vitalität erfüllt. Handel, kleine Bars, Restaurants, die kaum den Namen verdienen, die aber Treffpunkte sind, Gewürzverkäufer und andere, die präparierte Kugelfische anbieten. Fröhliche Kinder und überhaupt keine Bettelei (denn hier verirrt sich normalerweise kein Tourist hin). Ununterbrochen dröhnt jaulender, leiernder arabischer Gesang aus den Transistorradios, die überall stehen, hinter offenen Fenstern, auf Ladentischen, auf Mäuerchen. Es gibt hier nicht eine einzige harmonische Form wie unter den Lehmhütten der Fellachen, da ist nichts gewachsen, alles nur konstruiert und rasch produziert. Die flachen Dächer der Buden, die man nicht Häuser nennen kann, obwohl sie als solche benutzt

werden, dienen als Müllablage; aber die Müllablage spendet gleichzeitig Schatten: Geflügelkörbe, Bleche, Autoreifen. Manchmal steht irgendwo oben auch eine Fernsehantenne.
Der Teeverkäufer an der Ecke macht gute Geschäfte.
Kinder reiten quer auf den Schultern ihrer schwarz gewandeten Mütter, das eine Beinchen vor der Brust, das andere auf dem Rücken, und umfassen mit ihren Ärmchen die verschleierten Köpfe.
Es gibt keine Vegetation im Ort, ganz selten einmal einen Baum. Wenig wirkt so steril, so tot, wie dieses Fehlen von Pflanzen und Blumen. Denkt man sich die Menschen fort, ist es eine Stadt des Todes.
Alles glüht unter der Sonne, schattenlos.
Frau Doreya hat eine Gier auf Boutiquen, sie kauft überall — hier eine scheußliche, große, rosa glänzende Souvenirmuschel. Vor dem Laden hängen die häßlichsten, billigsten Kunststoffkleidchen, sie baumeln, denn ein warmer Wind zieht durch die Gasse. Es riecht durchdringend nach gesottenem Fisch.
Einige aus unserer Gruppe wenden sich angewidert von allem ab. Sie hätten sich diesen Ausflug gerne erspart, sie wollen nichts sehen von der anderen Welt, wie die Menschen hier leben und leben müssen, sie wollen nicht wissen, nicht nachdenken, keine Folgerungen ziehen, sie stellen nur Ansprüche für ihr Geld. Sie halten sich für unendlich viel tüchtiger: «Die Armut der Leute ist selbst verschuldet», meinen sie, «weil sie zu dumm sind und nichts leisten.»
Sind sie nicht deprimierender als dieses Städtchen?
Die jungen Frauen hinter den dünnen, schwarzen Schleiern, die über die Haare und vor das Gesicht gezogen werden, sehen aus wie Madonnen, doch wie bald schon sind diese anmutigen Gestalten mit den dunklen, großen Augen wieder zerstört.
Doch plötzlich kommen uns drei junge Mädchen entgegen, achtzehn bis zwanzig Jahre alt, die eine trägt eine Brille, doch das ist es nicht, es sind die offenen, intelligenten Gesichter, keine schwarzen Kleider, keine Schleier — eine neue Generation. Vielleicht eine Hoffnung.
Vor der Kaffeebude ziehen schwarze Ziegen vorbei, eine mit einem reizenden, weißen Pelzköpfchen, wie ein Karakulschaf.

Die kleine Ansiedlung scheint nicht eigentlich aus der Wüste gestampft worden zu sein, viel eher hineingeworfen. Ihre einzige landschaftliche Attraktion ist ein abrutschender Sandhügel am Meer, der mit einem Ölbehälter verziert ist. Man kann sich ausrechnen, wann auch er, sich neigend, abrutschen wird.
Wenn sich die Taxifahrer miteinander unterhalten, dann schreien sie so, als ob sie sich umbringen wollten.
Am kleinen Hafen ist die Entrüstung der Gruppe dann wieder groß: «So viele Schiffe, Segelboote, Fischerkähne liegen halb zerfallen auf dem Ufer, verrotten, und kein Mensch tut etwas!»

Teeverkäufer

KÜSTENSTRASSE

Frühstück um halb sieben, Abfahrt kurz nach sieben Uhr. Wir bekommen einen viel zu kleinen Bus, die Koffer werden auf dem Dach verstaut.

Bei Hurghada warten Kinder in hellen Overalls auf ihren Schulbus, aber nur Buben. Immer wieder sind die Straßen, die Ortseinfahrten und Kreuzungen durch alte Ölfässer versperrt: Kontrollen. Soldaten hinter Sandsäcken mit aufgepflanztem Bajonett. Frau Doreya erzählt während der Fahrt gläubig (sie ist Christin), naiv und verkitscht die Legenden vom heiligen Paulus und vom heiligen Antonius — niemand will sie hören, es ist schwer zu ertragen und auch akustisch kaum zu verstehen.

Das Meer ist manchmal so blau, daß man erschrickt; es ist ein Glanz, der tief ins Herz dringt. Doch die Wüste besteht aus Schotter, am Rande ziehen die roten Berge vorbei, in abwechslungsreichen Formationen, von Schutthalden unterbrochen. Die Ebene erinnert an brachliegende Felder, als warte sie auf Wasser, um fruchtbar zu werden. Nur selten gibt es igelförmige Büschel aus Halfagras. Die Straße ist schnurgerade, aber sie wird immer schlechter. Eine Eisenbahnlinie folgt uns, auf der Betonpiste wilde, streunende Hunde und später ein Bäumchen. Im Wasser, zur Rechten, Inseln, Frachter. Die Steilküste. Gas wird abgefakkelt: ein Ölgebiet, Bohrtürme im Dunst auf dem See.

Zwei schwarze Raben, sonst keine Vögel — Trostlosigkeit.

Sahid, unser junger, tüchtiger Fahrer, der Trost unserer Reise, der alles erledigt, den wir bald «Habibi», «Liebling», nennen, wird zusehends nervöser. Er tritt das Gaspedal verzweifelt durch, schlägt mit der Hand aufs Steuerrad, wischt sich die Stirn.

Unsere besorgten Blicke suchen den Benzinstandanzeiger. Ebbe. Wir rollen aus, stoppen auf der Straße.

Wir warten am Wüstenrand, während sich Sahid mit einem Kanister auf die Wanderschaft macht. Wir stehen kurz vor dem Städtchen Ras Zafarane. Die Stimmung in der Gruppe wird immer schlechter. Einige möchten lieber nach Suez weiterfahren, die anderen wollen unbedingt die Klöster des Antonius und des Paulus sehen. Endlich kommt Sahid mit dem Benzin in einem Lastwagen zurück.

ANTONIUSKLOSTER

Wir fahren über die Schotterpiste auf eine dunkle, drohende Bergwand zu, an die sich das Kloster wie schutzsuchend lehnt, und Schutz hatte es wohl auch nötig, in den frühen Zeiten, als es gegründet wurde. Die Landschaft ist von erhabener Öde, hier herrschen Stille und Einsamkeit, der Schrei der Vögel mag oft das einzige Geräusch sein, das an Leben erinnert, und der Vogelflug die einzige Bewegung. Denn auch Wolken, die über den Himmel ziehen und von denen wenigstens die Phantasie noch eine Botschaft ablesen könnte, gibt es ja kaum.

Hier ist nur die Sonne, und die wandert langsam, sie ist sehr fern und für den Christen kein Gott.

So konnte man wohl den Blick nur nach innen kehren oder ihn auf ein Jenseits richten, das in dieser Welt keine Entsprechung hat, sondern nur eine große Hoffnung ist.

Angeblich war Antonius der erste Mönch überhaupt. Man nennt ihn heute «Der Große» und «Patriarch des Mönchtums», sogar «Stern der Wüste». Von diesen Klöstern, aus dieser Weltabgeschiedenheit, und doch so nahe dem Heiligen Land, verbreitete sich das Mönchtum über ganz Europa und die Erde, verbreitete sich dieser männlichste aller Gedanken: der irdischen Welt zu entsagen, um eine höhere, reinere zu gewinnen. Irgendwann in unserem Leben hegen wir ihn alle einmal — und manchen läßt er nie wieder los.

Heute leben hier noch einige koptische Mönche.

Für uns im Bus ist die Fahrt desillusionierend. Es ist fast unmöglich, die erhabene Abgeschiedenheit des Ortes zu empfinden und wenigstens einen Hauch zu atmen. Und doch, wir fahren ja zwölf Kilometer durch eine Wüste, weit ab von der großen Straße nach Beni Suef. Früher war das einmal ein halber Tagesmarsch, in brennender Sonne.

Das Kloster liegt wie eine Oase hinter der hohen, sauberen Mauer. Man sieht nicht hinüber, eine vollkommene Wehr, der Schutz. Wir ziehen an der Glocke, sie tönt kläglich, ja es läßt sich kaum ein kümmerlicherer Ton des Einlaßbegehrens denken. Aber auch freundlich, denn das ist sie ebenfalls, bei aller Armut. Sie verheißt menschliche Gegenwart und Hilfe. Ein schmuddeliger Mönch öffnet. Sauberkeit gehörte offenbar nicht zu seinem Gelübde, die frühen Ordensväter haben nicht daran gedacht, es war ihnen nicht wichtig. Die Seele erlangt auch mit ungewaschenem Körper und ungewaschenen Gewändern das Himmelreich. Er hat ein schütteres Bärtchen und verhüllt seine kaum zur Sünde verführenden Haare unter einer schwarzen Tuchkappe, die ein goldenes koptisches Kreuz ziert. Das ist aber auch der einzige Schmuck an ihm. Er zeigt kaum ein Lächeln, wir sind ihm lästig, und wer wollte es ihm verdenken, denn die Touristen kommen in Scharen und stören das, weswegen er hierher gezogen ist — die einsame Versenkung.

Und doch kann er sich eigentlich nur mit Gebeten und seinem Seelenheil beschäftigen, es sieht kaum so aus, als ob er und seine Brüder dem Kloster viel Kraft opfern würden. Jedenfalls läßt das Innere der alten Gebäude auf dieselbe Mißachtung des Weltlichen schließen wie dieser Mönch. Alles ist verstaubt, verfällt, vor dem Altar baumeln nackte, verschmutzte Glühbirnen. Der Herrgott sieht es nicht, er hat nie etwas von Pflege gesagt, und man muß sehr fromm sein, um das Innere der kleinen Kirche mit der schwarz verrußten Kuppel nicht für eine Rumpelkammer der Frömmigkeit zu halten, matt beleuchtet von herabhängenden Lampen. Verstaubte Bilder und ein nicht gehender Regulator zeigen, daß die Zeit stillsteht.

Der ganze Charme des Klosters, der Zauber, den es auch atmet, kommt von außen, was ein Widersinn ist in diesem Ort der Innerlichkeit. Er kommt von den sandfarbenen Mauern der alten Gebäude, von denen die Farben der Wüste hereingeholt werden in den Hof und die weich und kantenlos sind vom Übertünchen, die zu leben scheinen, weil sie nicht glatt sind, sondern dem Licht erlauben, Helligkeit und Schatten darauf zu malen. Er kommt von dem liebenswürdigen kleinen Garten vor allem, von den Palmen und von der Quelle in den Felsen, den Öl- und Getreidemühlen. Und alles ist durchzogen von Weihrauchgeruch, der aus dem Kirchenraum quillt.

Zu uns ist in Hurghada ein Amerikaner gestoßen, John, er schreibt einen Reiseführer. Er wurde zunächst unfroh betrachtet, nahm er doch einen Platz im übervollen Bus ein und war fremd. Später erwies er sich als äußerst hilfreich und kompensierte mit Entschlossenheit ein wenig Frau Doreyas Unvermögen.

Jetzt, da wir viel Zeit mit der Panne verloren haben, ist unsere Gruppe in zwei Lager geteilt. Die einen möchten, wie es im «Programm» steht, noch das Pauluskloster sehen, und John gehört zu ihnen, verständlich, denn er hat ja berufliche Gründe. Die anderen, wegen der vorgerückten Stunde, wollen gleich nach Suez weiter, denn morgen müssen wir sehr früh dort abfahren, weil unser Besuch des Katharinenklosters auf dem Sinai — für viele ein Höhepunkt der Reise — bereits gefährdet ist. Die Mönche schließen am Donnerstag um zwölf Uhr mittags, und zwar über das ganze Wochenende.

Es wird abgestimmt — wir verzichten auf St. Paul und fahren nach Suez. Mißmut, unverhohlene schlechte Laune der Verlierer.

Vielen erscheint die Fahrt verdorben, sinnlos.

Aber ist sie es wirklich? Die Gefühle reagieren oft stärker, als es der Anlaß verdient.

Im Hof des Antoniusklosters

AM GOLF VON SUEZ

Links Berge von großer Vielfalt der Formen, rechts die betörend schöne, rote Küste. Nur in der französischen Landschaft Esterel, an der Côte d'Azur, südwestlich von Nizza, kenne ich solche Farben, doch dort kommt die Üppigkeit der Vegetation hinzu, hier ist alles öde, dafür aber konzentriert, nichts lenkt ab vom Rubin der Erde und der Steine.

Spuren des Krieges auch hier, zerschossene Lagerhallen und Hütten.

Je näher wir Suez kommen, desto mehr ähneln Berge und Wüste großen Abraumhalden.

Im Hotel stolpert Shaofang über eine unbeleuchtete Stufe. Der Fuß schwillt an, wird liebevoll versorgt vom norddeutschen Arzt, aber an ein Besteigen des Mosesberges ist nicht mehr zu denken. Das Zimmer ist bitterkalt, die Bettwäsche feucht.

SINAI Es ist noch Nacht, als wir geweckt werden. Der Himmel ist so tiefschwarz wie das Wasser. Der Mond steht voll hinter dem weitausgreifenden Baum im Hof unseres Hotels, dahinter die Lichterkette am Golf von Suez.
Wir starten um halb sechs, unser Bus soll uns zum Kanal bringen. Drüben, es gibt noch keinen Tunnel, warten zwei Personenwagen auf uns.
Fahrt durch die dämmernde Vorstadt, erwachendes Leben, Menschen und Eselkarren, der Himmel erhellt sich, bekommt Farbe — Oasencharakter.
Wir warten lange auf eine altersschwache Motorfähre. Zeit ist hier ein unbekannter Begriff, aber uns brennt sie auf den Nägeln. Der Steg am anderen Ufer ist überfüllt, Arbeiter, Bauern, Soldaten, junge Kerlchen.
Träge und turmhoch gleitet ein Containerschiff durch den Kanal.
Wir müssen uns, endlich am Ostufer, durch die Wartenden zwängen, die auf die Fähre stürmen, es ist fast gefährlich, Sahid schafft uns energisch Platz.
Wir werden begafft wie Exoten.
Die beiden Wagen sind eng, aber sie sind immerhin da, schon das erscheint uns wie ein Wunder. Nun werden, auf energische Intervention, Raucher und Nichtraucher getrennt, es gab in den Bussen immer wieder Schwierigkeiten.
Unser Gefährt stockt und muckt gleich, Sahid wird unruhig: Was soll daraus werden? Immerhin wollen wir durch den Sinai und müssen spätestens mittags im Kloster sein. Ein Amerikaner am nächsten Kontrollpunkt hilft, den Vergaser einzustellen.
Die Straße windet sich durch das flache Land, durch eine gelbe Ebene, die wie staubüberpudert ist. Hinter der Stadt Suez leuchten die Berge feuerrot im Morgenlicht, vorüber an einer Gruppe von Bäumchen, die sich über eine anmutige Erhöhung verteilen. «Hier ist», erklärt uns Frau Doreya, «die Quelle des Moses.» Aber ist Moses denn ein Fluß? Wieso ist diese Quelle nach ihm benannt? Es gibt doch auch noch in Kairo eine, wo er angeblich im Schilfkörbchen ausgesetzt wurde.
Wir sind schon vorüber.
Beduinen und Schafe am Straßenrand. Sie erzählen mir mehr von Moses: So mag er gezogen sein, und mit ihm die Israeliten.

Viele winkende Anhalter, arme Gestalten. Unser Wagen ist überfüllt, wir können sie nicht mitnehmen. Hier, in dieser Öde, tun sie uns leid. Sie scheinen hoffnungslos ausgesetzt, aber Sahid sagt: «Sie finden immer einen, der sie mitnimmt.»

Allmählich tauchen langgestreckte Höhenzüge aus dem blauen Dunst der Ferne auf, es ist wie eine Verheißung: dort liegt der Sinai.

Doch unseren zweiten Wagen ereilt das Schicksal.

Nacheinander platzen gleich zwei Reifen, nun gibt es keine Reserve mehr. Sahid und sein Kollege kehren mit unserem noch intakten Fahrzeug um, zurück nach Suez, ein Reserverad holen.

Die Aussicht auf rechtzeitigen Einlaß ins Kloster scheint endgültig geschwunden.

Wir stehen in der Wüste, auf einsamer Landstraße. Die Sonne klettert, es gibt keinen Schatten, nur in der Nähe des zurückgelassenen Fahrzeugs einen winzigen Fleck, der aber immer kleiner wird. Noch ist es erst acht Uhr morgens — wie wird es später werden?

Der anfängliche Ärger geht langsam in Galgenhumor über. Die verschiedensten Charaktere enthüllen sich: die Anspruchsvollen, die empört sind über schlechte Wagen, schlechte Reifen, schlampige, «orientalische» Organisation, die Fatalisten, die Geduldigen, die Vernünftigen.

Es werden immer wieder andere Pläne entworfen: «Was sollen wir tun?» — «Sollen wir zu Fuß zurücklaufen, ehe die Nacht kommt?» — «Es ist doch sinnlos, noch weiter so in den Sinai zu fahren. Kehren wir lieber um, machen wir uns drei schöne Tage in Kairo — vorausgesetzt, wir kommen hier überhaupt jemals wieder weg.»

Das Toilettenproblem wird dringend: hinter die Sanddünen! Aber Frau Doreya warnt uns — ihre einzige Aktivität — vor Minen, die da noch überall unentschärft herumliegen. Niemand hat Lust, in die Luft zu gehen, und gar noch hockenderweise. Ägyptisches Militär im Jeep, auch sonst als Hoffnungszeichen begrüßt («na also, so abgeschieden ist es hier ja gar nicht!»), hält an und prüft sehr verständnisvoll das Gelände hinter den Hügeln. Doch es herrscht keine Gefahr. Erleichterung — und nach und nach verschwinden alle.

Die Hitze wird sengend. Frau Doreya sitzt in orientalischer Lethargie im Wagen, weiß nichts, tut nichts, ein Geschöpf mit einem «Spatzenhirn».
Ein Skarabäus krabbelt über den Sand. Über uns kreisen Raben. Ein Witzbold meint: «Noch keine Geier!»
Wir harren in der Mittagshitze aus bis zwei Uhr. Längst hat das Katharinenkloster die Pforten geschlossen. Dann kommt das Auto. Jubel. Doch erneut wird leidenschaftlich diskutiert: «Zurück nach Suez!» — «Wir sind gewarnt, noch sind wir in der Nähe der Stadt . . .» Aber nun schaltet sich Frau Doreya ein: «Es gibt keine Umkehr. Wir kommen nicht über den Kanal. Es geht heute keine Fähre mehr, der Betrieb wurde eingestellt, es ist zu windig.» Kann man ihr glauben, oder hat sie einfach Weisung, die Reise so oder so durchzuführen, zur Vermeidung von Schadenersatzansprüchen?
Viele denken das, aber es bleibt wohl doch keine andere Wahl, als das Heil im Weiterfahren zu suchen.
Jetzt bleiben wir auf Sichtweite oder halten an und warten auf den anderen Wagen.
Die Landschaft wird immer grandioser, die Berge immer bizarrer. Alles liegt in einem Glanz, Weißgold oder Platin, das Gebirge ist sandfarben, ins Blaßgelbe, ins Weiße hinüberspielend. Rechts, im Westen, liegt das Meer, eine schimmernde Scheibe, völlig regungslos, wie tot. Doch das Licht gibt ihm Pracht, explodierende Helligkeit. Als ob die Strahlen zum Himmel emporschießen und nicht von dort herabkommen würden.
Von der Hauptstraße biegen wir in ein armseliges, kleines Dorf ab. Würfelhäuschen aus Stein, sie heben sich kaum vom Erdboden ab, sind in Staubhitze ertrunken, erstickt, ohne Grün, ohne Baum und Strauch. Nur eine Häuserzeile, ausgesparte Türen, ausgesparte Fenster — und die entzückendsten Kinder, denen wir so wunderbar erscheinen wie Märchenfiguren aus «Tausendundeiner Nacht».
Welche Abwechslung bringen wir in ihren Alltag! Keines bettelt, sie wollen nur schauen. Sie lassen sich willig fotografieren, schleppen ihre kleinsten Geschwister heran und auch die Säuglinge, sie begehren, verlangen nichts, wollen nur dabeisein und sich wichtig fühlen.

Hier wird uns in einer Bude, für die das Wort «Werkstatt» eine unverschämte Schmeichelei wäre, mit wunderbarer Geschicklichkeit ein neuer Reifen auf eine zusätzliche Felge montiert.
Bei der nächsten Straßenkontrolle — wir sind schon lange im ehemals israelitischen Gebiet — fragt der Soldat: «What nationality? I am Egyptian, what are you? — German? Welcome!» Und dieses Willkommen ist ernst gemeint. Auch hier gelten wir als Feinde der Engländer und als Feinde der Juden.
Vergnügt lassen sich diese Soldaten fotografieren — sie verlangen es geradezu und freuen sich wie die Kinder.
Die nächste Tankstelle ist geschlossen. Es gibt kein Benzin, neue Nervosität. Reicht es noch? Die Oase Faran liegt in einem Tal, dem Wadi Faran, in einem Palmengarten, der sich kilometerlang zwischen hellen Dünen windet, überragt vom zweitausend Meter hohen Gebel Serbal, einem Landschaftswunder von unberührtem Zauber — hier sollten wir eigentlich rasten, unter verschleierten Beduinen, doch nein, hindurch mit Staubwolken. Man ahnt nur: ein Hospital, eine Schule, Palmen und Palmzäune, einzelne Gestalten.
Die Nacht bricht rasch ein. Ich schaue am Straßenrand nach Gehölz aus, das wir, im Notfall, anzünden können, um nachts nicht zu frieren.
Dann, gegen sieben Uhr abends, bei «ägyptischer Finsternis», kommen wir im Katharinenkloster an, kalt, hungrig, müde. Aber froh, es geschafft zu haben. Was wir im Vorbeigehen sehen, sind dunkle Mauern, öde Gebäude und, durch hellerleuchtete Fenster, kahle Massenquartiere. Betten übereinander, mehrere in einem Raum, und alle schon belegt. Sollen wir uns da noch hineinquetschen?
Doch unsere Gruppe bekommt einen eigenen Saal, wir belegen unsere Etagenbetten. Frau Doreya bereitet das Abendbrot aus mitgebrachten Konserven. Das macht sie gut und mit Eifer. Ein Beduinenführer für den Aufstieg auf den Mosesberg wird angeheuert. Wir suchen unser Quartier auf. Ich erkämpfe mir zwei Decken und ziehe mich im Schlafsack aus. Es ist bitterkalt.

MOSESBERG

Wir werden um halb fünf Uhr geweckt. Fast beneide ich Shaofang, die wegen ihres verstauchten Fußes den Berg nicht besteigen kann. Ich selbst bin auch unschlüssig: Soll ich den Aufstieg wagen? Ein Stück vielleicht.

Das angebotene Kamel habe ich verschmäht, seit einem Ritt in Tunesien scheue ich diese Tiere. Wie man mir versichert, zu Unrecht. Abmarsch ohne Frühstück.

Hell steht der Vollmond über dem Gebirge, die Felsen schimmern. Alles ist unwirklich, verliert sein Gewicht, scheint zu schweben. Es ist kühl. Die Luft ist von Nebel durchsetzt, die Berggipfel sind verhüllt.

Unten: Klarheit in Dunkelheit. Viele Trupps sind unterwegs, Touristen, Ägypter, keineswegs nur unsere Gruppe, eine Völkerwanderung. Unser Beduinenführer mit weißem Turban schreitet irgendwo in der Mitte. Sein Mantel ist so dunkel wie der Morgen. Die Frau unseres Schweizer Zahnarztes wandert mit einem Stock. Ihr Mann bleibt im Kloster. Ich bin viel zu warm angezogen und schon bald schweißgebadet.

Langsam geht es über Geröll und Steine in Serpentinen bergauf. Nur Fußgänger, kein einziger Kamelreiter. Lange herrscht Dämmerung, aber schließlich steigt die glutrote Sonnenscheibe hinter den Bergen auf, verhüllt von Dunst. Der Wind frischt auf, verjagt den Nebel, und plötzlich steht himmelhoch der Gebel Musa vor mir, ein Gigant. Ich denke: Da hinauf? Niemals!

Doch das Bild des roten Kolosses, umwallt von durchleuchteten transparenten Schleiern, ist atemberaubend. Oben schimmert ein weißes Gebäude, fast wie Silber — dorthin geht unser Weg.

Ich wandere langsam, von Biegung zu Biegung, immer in der Absicht umzukehren. Aber weiter, noch einige Meter. Ein Durchstieg durch Fels und Geröll. Die Frau des Zahnarztes gibt auf: «Es gloschtet me jo scho, aber . . .»

Wir gelangen auf die andere Seite des Berges. Sind wir auf halber Höhe oder schon weiter? Hier beginnen unregelmäßige, in den Stein gehauene Stufen. Vor mir einzelne Gestalten oder kleine Gruppen. Die Sonne flammt, es wird heiß. Das Herz jagt, der Puls steigt auf einhundertfünfzig. Freundliche Ägypterinnen bieten mir Bonbons zur Stärkung an.

Während wir klettern, öffnet sich der Blick weiter und weiter über steinerne Meere, über Wogen anrollender Massen. Täler senken sich, suchen ihre Wege und verlieren sich zwischen Einschnitten im fahlblauen Dunst. Die Sonne steigt, ihre Strahlen fluten erst steil, dann waagrecht über die Gipfel und tauchen alles in ein bewegtes Spiel wechselvoller Gestalten. Doch je höher sie klimmt, um so mehr ziehen sich die Schatten zurück, zögern, wollen nicht weichen, bis sie in die Felsmassen eingehen, durch sie hindurch, verschwinden, so daß alles in klarer Helle dasteht — und sind doch auf dem Weg zu ihrer wachsenden Wiederkehr auf der gegenüberliegenden Seite.

Ich erreiche den Gipfel mit einigen Pausen, mühsam die letzten Stufen erklimmend. Die Steine sind feuerrot, leuchten, als ob sie brennen würden. Ich fühle mich wohl.

Die Sicht ist weit, ein leises Singen der Seele, rote Felskolosse ringsum, verschwimmende Höhenzüge, schwarzbraun, gestaffelt. Wärme und warmer Wind.

«Unter seinen Füßen war es wie ein schöner Saphir, und wie die Gestalt des Himmels, wenn es klar ist . . .» steht in der Bibel.

Mit uns sind viele Ägypter hinaufgeklettert. Sie lassen sich auf den Felsen um die weiße Kapelle und die Hütte nieder. Ihre Radios dröhnen. Es sind Studenten vom Kairoer Goethe-Institut dabei, unser norddeutscher Frauenarzt schließt Bekanntschaften und organisiert einen Schüleraustausch für seinen Sohn. Ein dikker, vergnügter Araber freut sich kindlich über seinen Transistor, es ist, als entdecke er erst hier oben, in der Gipfeleinsamkeit, wie gut er ist. Er lacht und dreht ihn laut auf. Hofft er, daß wir an seinem Genuß teilhaben?

Nirgends eine Spur von Moses. «Und die Herrlichkeit des Herrn wohnte auf dem Berg Sinai.» Hier oben empfing er also von Gott die Gesetzestafeln mit den zehn Geboten. Etwas weiter unten, zwischen den schlanken Zypressen, in einer Felsensenke bei der Eremitage des heiligen Stefan, warteten Aaron und die siebzig Ältesten Israels auf ihn.

Ist es nicht verständlich, daß sich früher Gott den Menschen «zeigte», denn sie waren noch Kinder und brauchten seine Gebote. In dem Maße, wie wir uns — im Guten wie im Bösen — emanzipiert haben, zieht er sich von uns zurück. Entweder, weil

er glaubt, wir bedürften seiner nicht mehr, oder aber — viel wahrscheinlicher — aus Enttäuschung.
Würden die Radios schweigen, könnte auf diesem Gipfel die sprechendste Stille herrschen. Vielleicht hörte man den Wind, und in dem Wind eine Botschaft, hier, wo es sonst keine Geräusche gibt, keine Tiere, keine Kuhglocken, wo nur vereinzelt Dohlen kreisen. Sie äugen herab, segeln laut- und schwerelos, kreisen über dem Katharinenberg, gegenüber, der wie brauner Schutt aus dem Felsen herausragt. Darauf steht eine Kapelle, ein Gipfelkreuz — wie fremd in diesem mohammedanischen Land — und weit unten, im Tal, das graue Band der Straße.
Unser Führer mit dem lieben Gesicht ist äußerst besorgt, ob wir wohl alle heil heraufgekommen sind und daß später keiner zurückbleibt. Er zählt und sucht.
Nach und nach bröckeln die Gruppen ab. Einzelne begeben sich auf den Rückweg. Mit mir geht eine stille, junge Münchnerin. Es ist wie ein Hinabtauchen in einen ausglühenden Ofen. Wir wählen den Treppenabstieg — es sollen dreitausendsiebenhundertfünfzig Stufen sein, die fromme Mönche auf den Knien rutschend in den Berg gehauen haben. Der Steig führt durch Schluchten und Tobel, wir wandern zwischen Burgen, Türmen, Kirchen, Köpfen, Nasen, Ohren und Augen — und noch viel mehr Formen, in den verschiedensten Größen.
Einmal kommen wir an der Eremitage vorbei, einem lieblichen Ort: weißer Stein, umrahmt von Grün und dunklen Zypressen, sonst alles kahl, kein Tier, kein Geräusch, flimmernde, heiße Luft. Wir treffen auf unserem mühevollen Abstieg über die Steine, die Stufen sein sollen — alle von verschiedener Höhe und Breite, kaum eine glatt, eben —, nicht eine Seele. Die Beine schmerzen. Die Hitze wird zur Qual. Wir schleppen uns nur noch dahin, sprechen uns Mut zu, rasten öfter. Endlich das Viereck des Klosters unter uns, so klein die wehrhaften Mauern, die weißen Häuser, die roten Dächer — die Bäume, welche Erquickung! Ich sehe Shaofang, winzig, rufe, winke, doch sie hört uns nicht. Mit letzter Kraft hinab — dann sofort auf unsere Lager.

IM KATHARINENKLOSTER

Rosen, Limonen und Rosmarin blühen im Hof. Eng ans Eck geschmiegt steht auch der biblische Dornbusch, angeblich noch der echte, oder doch mindestens ein Abkömmling und jedenfalls der einzige in Ägypten.

Wir sehen nicht viel. Die Mönche haben das Kloster geschlossen. Nur gnadenhalber öffnen sie uns einige Türen. Wir gehen durch Gäßchen, zwischen Häusern, über Treppen, unter Dächern, sehen die Wehrmauer, eine Moschee von außen, die Kirche mit der vergoldeten Ikonostase, davor die silbernen Leuchter und Straußeneier, Lichtgefäße, die an Ketten herabhängen wie ziselierte Stalaktiten in einer Tropfsteinhöhle, sehen Zedernholztüren — und Frau Doreya erklärt uns ein «Jüngstes Gericht» als die «Arche Noah».

Warum schweigt sie nicht lieber?!

In der Apsiswölbung Christus in der Mandorla, umgeben von Moses und Elias, Petrus, Johannes und Jakobus, im Kranz der zwölf Apostel, der zwölf Propheten, Äbte und Diakone — ein byzantinisches Mosaik.

Wir sehen unter dem Baldachin den Marmorschrein, der die Reliquien der heiligen Katharina enthalten soll, sehen im Narthex einige Schriften.

Die berühmte Bibliothek bleibt geschlossen. Im Beinhaus sitzt der zusammengekrümmte heilige Stefan zwischen Knochen und Schädeln. Daneben ein grüner Staubwedel. Jemand murrt: «Und deswegen die weite Reise!»

Eine Dame ist krank. Sie kam nun schon zum zweiten Mal her, nur um den Mosesberg zu besteigen, wieder klappte es nicht. Doch wir können nicht warten, nicht bleiben, der Stundenplan dieser Reisen ist unerbittlich.

Katharinenkloster

NOCHMALS SINAI

Gebirge ohne Vergleich — Wüste als Gebirge, Gebirge als Wüste. Kein Grün, Schlacke, schroffe Kalksteinkonturen, sandgraue Felswände, tiefrot im Sonnenuntergang, fahl in der Mittagsglut, herauswachsend aus gelbem Lehmboden, der sich mit braunen Perlen schmückt, vielzackige Kronen, geschmiedete Diademe —, hochgewölbte Gipfel mit sanft herablaufenden Hängen, Ketten zerklüfteter Höhen, Wälle massiven Gesteins, und dann der Dünengürtel, der hart ist wie Pflaster und glatt wie gehämmert.

Porphyr und Granit, Syenit und Gneis spielen mit sanften, harmonischen Tönungen. Es ist, wie frühe Reisende schrieben, wahrhaftig eine Wunderwelt. Beim Roten Meer steigen die Sandberge auf, lange Ketten, wie verstaubt. Einige tragen braune Kapuzen, andere Überwürfe, die bis zu den Füßen reichen, Schleppen, Schärpen. Manche Höhen stemmen dicke Waden und unförmige Füße vor wie Pharaonen.

Und wie sie leuchten! Das Licht ist ihr schönster Schmuck, es schafft Ornamente, Bordüren, Schattenlöcher, gefältelte Mieder und Schultertücher, scharfe, dunkle Querlinien.

Der Wind, der vom Golf von Suez her weht, erzeugt diese rhythmische Gliederung nach seinem Willen. In dauerndem Wechsel schafft er neue Formen, verweht alte.

Ich setze vor der Abfahrt aus dem Katharinenkloster bei unserer Gruppe durch, daß auf ein zeitraubendes Mittagessen in Suez verzichtet wird, dafür wollen wir zwei- oder dreimal im Sinai halten — vor allem in der Oase Faran. Doch es wird nichts daraus. Ein einziges Mal dürfen wir in aller Eile fotografieren, im Laufschritt, dann meutern die anderen: zuviel Zeitverlust. Sie müssen morgen von Kairo aus heimfliegen. Nun sind sie besorgt, ob die Fähren gehen, ob wir Kairo heute überhaupt noch erreichen können.

Wir rasen mit hundertzwanzig Kilometer pro Stunde durch den Sinai, durch eine der beeindruckendsten Landschaften der Erde — vergleichbar vielleicht dem Grand Canyon.

So viele Menschen werden blind geboren und lernen ihr ganzes Leben lang nie sehen.

Durch Suez am Abend. Der Himmel ist eine durchleuchtete Glocke über den kastenförmigen Häusern. Vor den Cafés leere

Holzstühle. Karren, hochbeladen mit Früchten und Gemüsen, riesigen Blumenkohlköpfen, Palmblättern. Von den Fassaden blättert die Farbe ab.
Hütten und Schmutz.
Hinter der Stadt, auf der Straße nach Kairo, senkt sich die Sonne über das Flachland. Wie inbrünstig müssen die alten Ägypter diesen ihren Gott angebetet haben, einen Gott, dessen Wärme sie auf der Haut spürten, dessen Wirkung sie überall erkannten, von dessen Händen sie zärtlich berührt und durchglüht wurden.
Bei Dunkelheit fahren wir in Kairo ein und machen noch kurz einen Umweg zu Sadats pyramidenförmigem Grab. Morgen sind vierzig Tage seit dem Attentat vergangen. Viele empfinden Ehrfurcht: «Ein großer Mann!»

KAIRO

Herzlicher Abschied von der «Sinai-Gruppe». Sie fahren, wie sie versichern, doch schweren Herzens und mit gemischten Gefühlen. Zurück bleibt nur noch ein kleiner Trupp.

Wir haben einen Tag in Kairo zur freien Verfügung.

Shaofang und ich nehmen ein Taxi zum Ägyptischen Museum. Der junge Taxifahrer spricht englisch, wir handeln ihn — wie üblich — von fünf auf drei Pfund herunter. Stolz meint er, daß er nur akzeptiert, weil er in der Nähe wohnt. Er gehört einer neuen, selbstbewußteren und fleißigen Generation an. Es stellt sich heraus, daß er schon im vierten Jahr Japanisch studiert und kurz vor seinen Prüfungen steht. Er plaudert mit Shaofang über das japanische Essen. Sie suchen Wörter, die sie beide kennen.

Die Stadt erscheint uns noch lebendiger, noch überquellender und überbordender als vom Bus aus. Auto an Auto, Stoßstange an Stoßstange und Tür an Tür, Fenster an Fenster. Lärm, Geschrei, Hupkonzert, Rattern von Wagenrädern, Klappern von Hufen — so zermürbend wie animierend.

Kairo ist zwar heruntergekommen und verschmutzt, aber es gibt auch noch viele alte Bauten, einen Stadtkern, in dem sich frühere Stile erhalten haben. Europa war ja, selbst im neunzehnten Jahrhundert, nicht weit, und die Engländer, das spürt man, waren hier. Der Reiz dieser Stadt besteht auch darin, daß sie im Schnittpunkt so vieler Kulturen liegt und auch auf so vielen Grenzen — auf der Grenze des mittelmeerischen Raumes vor Afrika, auf der Grenze zwischen Arabien und Europa, auf der Grenze zwischen der Wüste und bewohntem Land —, durchflossen von einem der schönsten Ströme der Erde, dem Nil.

Eine Stadt auf der Grenze zwischen Tradition und Moderne, zwischen der ältesten Hochkultur und dem proletarischen Elend der Gegenwart, zwischen Reichtum und Armut, zwischen Christentum, Islam und Atheismus.

Auch das, was verfällt, verfällt mit einem morbiden Charme, weil es einmal Kultur hatte. Noch gibt es die alten Häuser im Stadtkern mit stilvollen Fassaden, mit Stuck und Zierat über dekorativen Fensterläden aus Holz. Die Trottoirs entlang die Ketten der kleinen Geschäfte, Reklameschilder — und davor das Menschengewimmel in traditioneller oder moderner Kleidung.

Kairo, die Zitadelle

In Bauschutt und Müll spielen die Kinder.
Vorbei an der Totenstadt der Kalifen und Mamelucken, einem der elendsten Viertel der Stadt, an der Sultan-Hasan-Moschee, an der Zitadelle mit ihrer Kuppel und ihren Minaretten — Plätze, grüne Fußgängerbrücken, Märkte. Eselwagen, denen man überall begegnet und hoffentlich noch lange begegnen wird, Radfahrer, aber (gottlob) wenig Motorräder.
Unser Taxichauffeur hat zwei Buben und drei Mädchen, so jung, wie er ist. Unwillkürlich denke ich an die großen Probleme, die der Bevölkerungszuwachs verursacht. Unser Trinkgeld von einem Pfund, immerhin ein Drittel der ausgemachten Summe, nimmt er schließlich recht gleichgültig hin — auch darin drückt sich ein neuer Stolz aus.

WIEDER IM ÄGYPTISCHEN MUSEUM

Wie immer Massen, Gedränge, Gruppen, aber diesmal sind wir allein und haben Zeit. Wir heften uns an einen deutschen Führer, einen Mann mit Bulldoggengesicht, dessen Erklärungen uns interessieren. Er stellt Bezüge zur deutschen sowie zur griechischen Geschichte und Kultur her. Wir sprechen ihn an, er möge uns nicht böse sein, daß wir ihm ein wenig zuhören, obwohl wir nicht zu seiner Gesellschaft gehören. Da ist er doch verärgert, und wir verlassen ihn. Wir bleiben über vier Stunden in der Sammlung und entdecken vieles neu — die Handwerker, Ruderer, Getreidestampfer, die Weber, Schreiber, Beamten und Hausmodelle. Unbegreiflich ist die Pracht und Feinheit der Grabbeigaben des Tutenchamun, ergreifend der absichtlich häßlich dargestellte Echnaton — die schöne Hatschepsut, die Gänse von Maidum.
Jetzt erst vermögen wir all dies in Gedanken in das Land zu versetzen, das wir gesehen haben, in die Dörfer, Felder, Haine.

DER TURM VON KAIRO

Wir wandern den Nil entlang. Palmen am Ufer, ägyptische Familien, Boote auf dem breiten, trägen Strom, der fast keine Bewegung zeigt. Segler. Der Turm steht im Park. Er soll einem Lotosstengel gleichen — ist aber mißlungen; zwei einander fremde Dinge, lebendige Pflanze und starre Konstruktion, in einen Betonklotz zusammengepreßt. Mit der Mühelosigkeit des Bauens ging hier auch der Geschmack verloren.
Im Fahrstuhl ein buckliger Fahrstuhlführer, der ein Trinkgeld erwartet. «German? — Welcome!»
Der Blick von oben über die Stadt: im Westen, im Dunst, die Pyramiden von Gizeh und Sakkara — ein Aquarell, golddurchflutet. Auf der Nilbrücke sehen die vielen Autos aus wie Ameisen, die sich auf ihren Wegen kreuzen. Im Osten erheben sich die gelbroten Mokattam-Höhen, ein Sandgebirge. In der Ferne die Al-Gama-Brücke, verschwommen, Türme von Moscheen, Hochhäuser, Fußballfelder, Schwimmbecken — und dauernd die Fahrgeräusche, das Hupkonzert, wie ein gedämpftes Dröhnen.
Auf dem Umgang hier oben Touristen, Liebespärchen, die sich fotografieren, moderne, junge Ägypterinnen, deren Augen schwarz und deren Münder rund und voll aus dem dunklen Teint des Gesichtes leuchten.
Sehr viel Qualm liegt über der Stadt, doch verdunkelt er nichts, er dämpft und verhüllt. In der Dämmerung blitzen die Fenster, die letzten Sonnenstrahlen widerspiegelnd, dann gehen die Straßenlaternen an, die Lichter in den Häusern.
Wir treffen eine Reisegenossin. Sie findet: «Es ist hier so schön, ich könnte ewig bleiben!» Es wird dunkel, wir gehen. Lange feilschen wir um ein Taxi ins Hotel. Ein alter, knochenhagerer Fahrer ist schließlich mit drei Pfund einverstanden. Er fährt uns — voll guter Laune und ohne Gram — unbesorgt durch Einbahnstraßen, vorbei an den leuchtendbunten Läden, an den farbigen Gemüseständen mit den prallen Wassermelonen. Auch er ist begeistert, daß wir Deutsche sind. Es wird uns immer peinlicher. Er hebt wie betend beide Hände vom Steuerrad und ruft: «German good! El Alamein, Rommel and Hitler!» Er freut sich kindlich über das Trinkgeld und winkt noch lange hinter uns her.

AUSFAHRT NACH SÜDEN

Am frühen Morgen fahren wir durch Alt-Kairo, während die einheitlich gekleideten Kinder zur Schule trotten und Schafherden durch die Straßen ziehen.

Laut preist ein Gemüsehändler seine Waren vom Eselwägelchen an: «Erbsen, frische Gurken, die schönsten Tomaten!» Es klingt wie das Gebet eines Muezzins: «Allah ist groß, und dies sind seine Früchte!» Sein Käppchen knallt rot über der ausgewaschenen, einstmals violetten Galabeja. Aus den Fenstern der Häuser werden Körbchen zu ihm herabgelassen, langsam und ruckend sinken sie tiefer. Er wiegt seine Ware sorgsam, ehe er sie hineinlegt und die Körbchen wieder emporsteigen.

Dann watschelt eine mollige Käuferin aus der Haustür, im weißen Kleid, das bunte Kopftuch über den schwarzen Haaren — sofort läßt er alle Körbchen baumeln und wendet sich nur ihr zu, lacht.

Männer stehen, versunken Zeitungen lesend, unter den schattigen Bäumen an den Straßenecken. An den Bushaltestellen drängen sich die Menschen bis weit in die Fahrbahn hinaus — denn die Verkehrsmittel sind immer überfüllt, und nur die ersten bekommen vielleicht noch einen Platz. Kinder rennen schreiend hinterher.

Die jungen Leute tragen Packen von Schulbüchern unter den Armen: die neue Elite?

Der Straßenverkehr ist wild, mörderisch, doch man kümmert sich kaum darum. Alles ist Fatum. Die Leute laufen auf der Straße herum wie auf Parkwegen und schenken den Autos nicht mehr Beachtung als den Blumenbeeten.

An den Kreuzungen stoßen die übereifrigen Fahrer bei Rot einfach zurück, ohne den Hintermann zu beachten. Dann kracht es. Dann wird gezetert, beschuldigt, verhandelt im Hupkonzert. Und später friedlich weitergefahren. Man findet kein Auto ohne Beulen und auch kein sauberes, es sei denn, es käme gerade neu aus dem Geschäft.

DIE NILSTRASSE Ganz wunderbar ist der Strom im Frühnebel, die Boote, die Palmen, die Spiegelungen der Hochhäuser im Wasser — sogar die zerfallenden Fabrikschornsteine sind dekorativ.
In einem Seitenarm ist ein Jachthafen — ein kahler Wald der Mastbäume.
Am Rande eines Blumenrondells sitzen die Männer und diskutieren. Worüber? Was bewegt sie? Überall hocken die alten Männer an den Straßenrändern, auf den Brückengeländern entlang den Kanälen — wie zerzauste, traurige Geier ohne Hoffnung auf Aas. Ein Teil Ägyptens hockt immer.
Wir fahren den Nil entlang, durch Städtchen, Dörfchen, Märkte, an Wäscherinnen vorbei, die am Kanal stehen, in rosa, roten, blauen, grünen, gestreiften, geblümten Kleidern und Kopftüchern, mit nackten, braunen, straffen Beinen.
Hier lernen wir sie kennen, die geometrische Würfelstadt.
Aber die kleinen Orte sind oft wie verwüstet, baufällig, die Gassen sind eng, die Fensterläden geschlossen. Balkone, Erker, Vordächer verwittern, Fassaden bröckeln ab — die Glanzzeit dieser Häuser lag auch hier vor ihrer Enteignung, als sie noch den Großgrundbesitzern gehörten.
Daneben stehen neue Häuser, mit noch unfertigen Obergeschossen, doch alles versandet, verstaubt.
Pilger, die in Mekka waren, bemalen ihre Häuser — es sieht rührend selbstgebastelt aus.
Noch findet man jedes Handwerk in seiner kleinsten Form: Tischler, Friseure, Schuhputzer, Straßenkehrer, Obsthändler, Tee- und Fladenbrotverkäufer. Es fehlt nichts. Und alle scheinen Einmannbetriebe zu sein.
Auf dem Bürgersteig liegt eine tote Katze, sie ist schon steif, niemand nimmt sie weg.
Zwischen den Städtchen die Felder, die Gemüsegärten, die Schönheit der Grün- und Brauntöne, dazu die bunten Menschen, wie sie auf die Felder, auf die Äcker gehen — nein, schreiten, denn anders kann man diese Art des Gehens in den langen, um die Füße wehenden Gewändern nicht nennen —, wie sie versonnen auf ihren Eseln reiten oder einfach dösend vor den Häusern sitzen, vor den Ställen, auf den Wegen, am Wasser.

Die kastellartigen Dörfer sind wie Burgkomplexe und liegen inmitten von Kiefern und Palmen. Anmutig breiten sie sich unter den Wedeldächern aus, zwischen den sanft geschwungenen, schuppigen Stämmen, die sich so elegant emporschwingen — so schön sind die Lehmhäuser, ganz Teil der Landschaft und der Erde, aus der sie genommen wurden. Da gibt es nichts, was fremd wäre, was störte, keine Geschmacklosigkeiten (weil dem Geschmack ja gar keine Möglichkeit gegeben ist, irgend etwas zu wollen), alles ist zweckmäßig, harmonisch. Schön sind schließlich — ja, sie vor allem! — die dunkelhäutigen Menschen, deren Schlankheit durch die langen Gewänder so geschmeidig zur Wirkung kommt, Gewänder in sanften Pastellfarben, hellblau und gelb, braun und weiß. Die Männer und die Kinder gleichen darin lebendigen Blumen, nur die Frauen sind wie schwarze Akzente dazwischengesetzt. Schließlich die Hühner — nur ganz selten einmal ein Kamel, Kamele gibt es hier so gut wie gar nicht.

Dorf an der Nilstraße

Viele der Lehmziegelhäuser sind umschwirrt von Vögeln, die in den Mauern nisten. Esel lehnen an den Ecken. Sie schlafen.
Gott schafft nicht: Er läßt entstehen.
Aber man erkennt auch, ganz unmittelbar, daß jede Straße, jede Eisenbahnlinie, jedes Haus Land ist, das der Ernährung weggenommen wurde.
Vorbei an Baumwollfeldern, an Baumwollsäcken, an Fabriken, an Lastwagen.
Im Osten, hinter dem Nil, liegt die Mauer der Wüstenberge. Sie begleitet uns ständig, auch der Strom, der oft — ohne sich selbst zu zeigen — an sich erinnert, wenn über dem Land und zwischen Palmen langsam das Segel einer Feluke vorübergleitet.
Mit Herzklopfen sehe ich die Reiter zwischen den Autos träumen, so versunken, als existiere die Welt um sie herum nicht, als gebe es keine Gefahr, keine Bedrohung. Der Araber ist immer noch ein mittelalterlicher, ein kindlich gläubiger Mensch.
Gemüseäcker, rauchende Feuerstellen. Doppelstöckige Taubenhäuser. Die Palmen erheben sich auf den Feldern und lassen ihre Wedel wie segnend darüberfallen. Und von fern, durch die Bäume, am Rande der Wüste, wie eine schattenlose Vision, die grau-sandige Pyramide von Maidum.
Schilder an den Straßenrändern: «Fremden ist es verboten, die Hauptstraße zu verlassen».
Warum?
Vielleicht ist dies eine Erklärung: Als wir einmal, ganz ausnahmsweise, bei einem Viehmarkt auf dem Feld kurz anhalten, sind sofort Dutzende von Kindern bei uns, recken kreischend ihre Hände. Sahid vertreibt sie mit dem Stock. Hinterher klopfen sie mit Ästen und Fäusten an den Wagen und an die Fenster. Es ist fast beängstigend. Sie sind nicht abzuschütteln. Shaofang bewundert aber ihre Intensität, den Kampf, das Nie-Nachlassen.
Einzeln sind alle entzückend, anschmiegsam, verspielt, liebes- und zärtlichkeitsbedürftig.

DIE FELSENGRÄBER VON BENI HASAN

Minia ist eine kleine Industrie-, sogar eine Universitätsstadt. Bei der Einfahrt: Reklametafeln, Schmutz, häßliche Steinhäuser, ein Güterbahnhof, schmuddelig, verfallen. Doch auch hier, von der Dachterrasse unseres Hotels aus, sehen wir das grüne Land, die Nilebene und darüber die Sandberge. Dort liegen die Felsengräber von Beni Hasan.

Unser Führer, er heißt Adly Mikael, ist ein älterer Herr; er gibt sich gelehrt, trägt einen abgeschabten, schlecht sitzenden braunen Anzug, der die Masse seines Körpers irgendwie verhüllt. Er zwängt sich hinter den Beifahrersitz unseres Busses. Dort hockt er, schwer atmend, und gefällt sich in weitschweifigen Erläuterungen, er gibt sich aber auch Mühe.

Die kleine Stadt ist voller Verkehr, viele Kutschen. Buben klemmen sich hinten auf die Achsen. Wir überqueren den Markt und quälen uns im Schrittempo durch die Menge.

Dann weiter das Nilufer entlang. Die Böschung ist aus Müll aufgeschüttet, Wäscherinnen stehen bis zum Bauchnabel im träg-trüben Wasser, schrubben, scheuern, winden, schauen nicht auf — kein leichtes Leben. Doch sie schwatzen und lachen. Tierkadaver drehen gemächlich an ihren nassen Röcken vorbei, es stört sie nicht. Manchmal richten sie sich auf und wischen sich mit dem Handrücken über die Stirn. Ruderer streben dem anderen Ufer zu, Boote treiben dahin mit grau-schmutzigen Segeln.

Wir steigen in Feluken. Über den Fluß hallt das Jammergeschrei der Esel. Gemächliche Fahrt, kaum Wind, entlang an Schilfufern und durch Schilfstengel, die am Bootskörper reiben, ein leises, sanftes Flüstern, vorbei an flachen Inseln.

Abenddämmerung, Stille, Einsamkeit und Melancholie.

Der Bootsmann steigt aus, schlägt die Galabeja hoch und knotet sie zusammen, seine hager-braunen Beine sind wie holzgeschnitzt, er schiebt, stakt.

Der Nil ist schlammig.

Am sandigen Ufer warten Esel auf uns, Kinder in bunten Baumwollkleidchen und Treiber. Alle diese Esel scheinen Luisa zu heißen. Die beiden eifrigen kleinen Mädchen, die mein Grautier führen, werden nicht müde, es mir zu versichern. Barfuß trotten sie durch den Sand, schwatzende Geschöpfchen, denen die Tintenhaare ins Gesicht hängen. «Good?» — «Good!» — «Sister!» — «O, yes!» — «Bonbon?» — «No!» — «Yes, yes, Bonbon!» — «No!» — «Bonbon no?» — «No!» Kleine Pause, dann: «Cigarette?» — «No!» — «Cigarette no?» — «No!» — «Stilo?» — «No!» — «No stilo?» — «No stilo!» — «Bakschisch!» — «Hm . . .» — «Bakschisch!» — «No Bakschisch!» — «Luisa good!» — «Yes, Luisa good!» — «Bakschisch ! ! !» So den ganzen Ritt, das Ufer entlang, an Bäumchen, Büschen vorbei, durch den Sand, durch ein Gemüsefeld, an den Steilhang unter die Gräber. Dort rutschen wir aus den Deckensätteln, die Kinder warten mit den Eseln.

Wir klettern zu Fuß die Anhöhe empor. Adly Mikael stapft mit dem Stock voraus. Sand und Geröll. Unter uns dehnt sich das weite, grüne Niltal im sanften Abendlicht. Eine romantische Landschaft.

Unser Führer — ist er nun Professor, oder tut er nur so? — verschwindet vor uns in die geräumigen Felsengräber. Die Nummern zwei, drei und siebzehn sind die Gräber der Gaufürsten Amenemhet, Chnumhotep und Cheti aus dem Mittleren Reich. Es sind nahezu quadratische Kammern im Gestein, die durch den Einschlupf nur wenig erhellt werden, so daß sie durchaus bleiben, was sie sind: düstere Totenkammern. Sie sind ringsum, auf allen Wänden, bis hinauf zur Decke, reich mit Wandbildern geschmückt, die auf Stuck gemalt wurden, aber wegen starker Verschmutzung nur noch schlecht zu erkennen sind.

Adly Mikael schreitet gewichtig die Wände entlang, der Kegel seiner matten Taschenlampe flitzt über die Bilder und greift einige Gruppen heraus, er deutet auch mit dem Stock — oder er stellt sich in die Mitte und doziert mit lauter Stimme und dem Gehabe eines Hofschauspielers. Er ist ein Meister kunstvoller Pausen, in denen er seine Augen auf den welligen Staubboden oder die graue Decke heftet, uns wohl auch sinnend fixiert, bis er zu einer neuen, dramatischen Geste ausholt.

Er spricht keineswegs nur über das Leben dieser Gaufürsten, die hier auf ihre Auferstehung hofften und sich den düsteren Ort, in den ihre Körper zur Aufbewahrung kamen, mit reizvollen Dar-

stellungen versehen ließen, «Professor» Adly Mikael vermischt auch gekonnt Persönliches mit Allgemeinem, Historisches mit Gegenwärtigem und stellt sogar Bezüge zu seiner Familie her — so sehr empfindet er sich in der Folge. «Nein», ruft er aus, «nein, wenn wir einmal von den technischen Fortschritten absehen, so war das Leben damals gar nicht viel anders als heute. Das Menschliche bleibt sich immer gleich durch all die Jahrtausende!»
Und wirklich — man kann staunen über die Frau mit Hund, die Verkrüppelten und die Zwerge, man kann Handwerker bewundern und Sandalenträger, Pantomimen, deren Spiel wir gern verfolgen möchten, Schreiber, die das Getreide notieren und das Silber registrieren. Wir sehen den Zug der «Sandwanderer», die Semitenkarawane, Asiaten, Männer, Frauen und Kinder mit Vieh und beladenen Eseln, sehen Hirten, die Rinder, Gazellen, Antilopen und Federvieh bringen.
Am längsten verweilt unser Cicerone — und das mit Recht — bei den sportlichen Szenen, bei den zierlichen Tänzern und Tänzerinnen, bei den Ringern in den verschiedenen Phasen ihres Kampfes, bei den Ball- und Schifferspielen.
Sie haben sich das Leben auch heiter gemacht und heiter gewünscht, diese Gaufürsten, haben sich, wenn sie konnten, mit anmutigen jungen Menschen umgeben und jedenfalls gehofft, auf deren Gesellschaft im Jenseits nicht verzichten zu müssen.
Nicht nur Adly Mikael hat dafür Verständnis. Er aber bezeugt es, mehrmals, und seine Augen leuchten.
Kein Wort jedoch verliert er darüber, daß alle diese Gräber mit ihrem Wunsch-Leben und Lebens-Glück für später immer nur ewige Häuser für Männer waren. Es gibt — außer im Tal der Königinnen mit den Gräbern der Gottesgemahlinnen und Prinzessinnen — keine reich ausgestatteten Frauengräber, keine Gräber von Fürstinnen, von Edelfrauen, von Gutsherrinnen. Von den einfachen Leuten ganz zu schweigen, von denen fehlt ja überhaupt jede Spur, sie sind bestenfalls Beigabe zur Lust der Herren, wie auch die Frauen, in anderem Sinne.
Auch heute noch ist dies in Ägypten selbstverständlich — und wo nicht auf dieser Erde?
«Professor» Adly Mikael jedenfalls würde es anders kaum verstehen. Leicht kann man sich das Grab vorstellen, das er sich aussu-

chen würde, der Rhetor mit der kehligen Stimme und dem beschwörenden Blick, auf keine der Freuden seines Lebens würde er verzichten wollen, und auch nicht auf all jene, die ihm dieses Leben versagt hat. Es wäre das Grab eines Paschas mit nicht nur einer Scheherazade.

Als wir die Gräber verlassen, geht die Sonne weit hinter dem Grüngürtel im Westen unter, taucht in den Wüstensand. Auch wenn ich mich scheue, es wieder und immer wieder zu wiederholen: Die Sonne ist doch allgegenwärtig in diesem Land, und ebenso sind es ihre Untergänge. Abend für Abend ist es ergreifend, aber nie eine Wiederholung, sondern immer ein Erlebnis: der göttlich flammende Ball, der den Horizont erröten macht, bewegend wie die Verheißung eines Glückes, das die Nacht bringen wird.

Aus dem Tal schallt ein Abendgebet herauf, eine Stimme der Sehnsucht und der Ergebung.

Wir steigen den Geröllhang hinab zu den Eseln, zu den Kindern und reiten zurück zur Anlegestelle. Dauernd will die kleine Sabah meine Hand halten, es ist eine rührende Kinderhand, warm und anschmiegsam. Aber Bakschisch wäre ihr wohl lieber — oder beides. Stolz zeigt sie mir, wie sie sich Haare und Kopftuch bindet.

Shaofang hat ihren Achmed vor sich auf den Esel genommen. Er ist ein schmächtiger Bub, dunkelhaarig und dunkeläugig, knapp acht Jahre alt, er schmiegt sich eng an sie und versucht ihre Hände zu seinem kleinen Penis zu führen — auch er hungert nach Liebe, nach Zärtlichkeit, elementar und ungehemmt.

Wir treiben über den Nil mit schlaffen Segeln, sie hängen dunkel vor dem Nachthimmel, verdecken die ersten, hellen Sterne. Kein Wind. Der Strom zeigt keine Bewegung, im Westen leuchtet noch das langsam verblassende Abendrot. Grillen singen, das Schilf rauscht eindringlicher als am Tage.

Fischer fahren aus mit ihren großen Lampen und hängen die Netze aus. Sie bleiben die ganze Nacht auf dem Fluß. In der Dunkelheit locken sie die Fische mit Licht, dann greifen sie die Geblendeten mit der Hand, und in der Morgenfrühe treiben sie ihren Fang ins Netz, indem sie mit Stöcken auf das Wasser schlagen.

Es ist finster, als wir wieder in Minia eintreffen, die Geschäfte sind schon erleuchtet.
Der Autoscheinwerfer eilt über Märchengestalten. Wir zwängen uns durch die kilometerlange Basarstraße. Statt daß wir hier kurz anhalten, um dieses wirre, bunte, orientalische Leben zu spüren, läßt uns Frau Doreya in eine triste, moderne Straße fahren, um uns das Haus zu zeigen, in dessen dritter Etage sie drei Jahre lang gewohnt hat: genormte Fenster, ein genormter Bau — modern.
Sie ist stolz. Sie schwadroniert. Und unser Professor schweigt. Die Augen halb geschlossen, öffnet er ihr verständnisvoll sein Ohr.

VON MINIA NACH ASSIUT

Es ist kühl, Minia erwacht. Kaleschen rattern am Hotel vorüber, vollgestopft mit Kindern und wohlgenährten Frauen. Hier denke ich manchmal: Das Bedürfnis nach Sex muß überdimensioniert sein, sonst würde es nicht jede ästhetische Schranke überspringen.

Zwei Kinder jagen im Spurt über die Straße, andere rollen alte Autoreifen wie Spielzeug. Jeder überquert die Fahrbahn, wie er will. Alle Schulkinder tragen Einheitstracht: blaue, lange Hosen, blaue Westen, weißes Hemd, weiße Mütze, manchmal auch eine blaue Jacke.

Man findet hier alles, den Eselwagen und daneben den Zug.

Weiter nach Süden. Wir verlassen die Stadt.

Herden trotten auf die Felder, die Erde ist schwarz, aber nicht saftig-feucht, die Rinder und die Ziegen verschwinden fast in den Wolken von Sandstaub.

Doch Ägypten ist ein Land der Feldfrüchte. Es gibt kaum Weiden, daher auch nicht viel Vieh. Ein Kamel — man sieht sie nun häufiger — kostet sechs- bis siebenhundert Pfund, ein Esel nur zweihundert und eine Kuh etwa tausend.

Der Himmel ist zart bewölkt, Palmen und Schilfbüschel spiegeln sich scharf und klar im Kanal, der manchmal aussieht wie ein Park mit dichtbewachsenen Ufern, überhängenden Büschen. Bauern überqueren das Wasser, indem sie ihre einfachen Boote an gespannten Drähten hinüberziehen. Danach arbeiten sie mit den Hacken auf den Feldern, fast alles geschieht noch von Hand.

Ägypten ist vielleicht das einzige Land der Erde, das man kennenlernen kann, indem man einem Fluß, dem Nil, folgt.

Vor einer Religionsschule werden Männer im Hof unterrichtet, sie stehen im Viereck — militärischer Drill in Sachen Glauben. Alle tragen Galabejas und den Fes — im Unterschied zu den Kindern in den staatlichen Schulen.

Und überall scheint gerade Markt zu sein, oder es ist hier immer Markt, Tag für Tag. Die Erklärung ist einfach: Da nie ein Tropfen Regen fällt, nichts naß werden, nichts verderben kann, braucht man auch keine teuren Läden.

Ein alter, zusammengekrümmter Händler ist vollauf damit beschäftigt, die Insektenschwärme von seinen Dattelkörben zu vertreiben.
Es geht hier immer um mehr als nur um den Einkauf von Waren — Lebensmitteln, Früchten, Gemüsen, Plastikschüsseln, Hühnern —, es geht hier immer auch um Familienangelegenheiten, um Kummer und Freude, um Krankheit und Tod. Der Markt ist auch Nachrichtenbörse und politisches Forum.
Das Menschengewimmel ist manchmal beängstigend, alles schiebt sich durcheinander, in engster Tuchfühlung, versucht sich irgendwie Platz zu schaffen: die Eselreiter, die Kopfträgerinnen — wahre Artistinnen der Balance — die Leiterwagen, die Autos, die zusammengebastelten Karren. Oft müssen wir anhalten. Dann sehen mich die Buben auf den Knien schreiben. Sie quetschen die Nasen an den Scheiben des Busses platt.
Einmal setzt es John energisch durch, daß wir aussteigen dürfen. Wir halten bei einem Markt.
Drangvolle Enge. Wir schütteln Hände, immer von Männern, sie strecken sie uns entgegen.
Unbegreifliche Buntheit: Stoffe, Bänder, Fäden, Schmuck, Töpfe, Fladen, Gemüse, Vieh, Bohnenklöße in Fett.
Wir fotografieren. Eine Frau mit einem Krug auf dem Kopf stellt sich hartnäckig vor mich, entweder, weil sie aufgenommen werden will oder weil sie verhindern möchte, daß ich es tue. Die Männer wollen alle fotografiert werden, die Frauen haben es nicht so gern.
Auf jeder Art von Fahrzeug sitzen die Menschen, lassen die Beine hängen und die nackten, braunen Füße baumeln.
Eselchen sind so hochbeladen mit Klee, daß vorne der Kopf mit den spielenden Ohren nur knapp und hinten nur die Schenkel herausschauen. Ganz zuoberst hockt der Reiter auf den saftiggrünen Ballen. Irgendwo schaut das verschmitzte Gesicht eines Tischlerbuben durch einen Goldrahmen, den er — wer weiß zu wem — transportiert.
Es gibt ganze Wagenladungen voll von Palmenzweigen für Körbe — und zwei Schreiber sitzen ernsthaft und gelehrt vor einfachen Holztischen am Straßenrand und erwarten würdig ihre Kunden. Der Muezzin leiert über alles hinweg, so durchdringend, daß er

sogar das lauteste Geschrei übertönt. Allah ist nicht nur gegenwärtig, er ist auch mächtiger bei Stimme als alle seine Geschöpfe. Doch sonst dürfen wir uns nirgends umsehen, anhalten, mehr mitnehmen als flüchtige, vorüberfliegende Bilder, erhascht aus dem fahrenden Bus. Stunden um Stunden.
Wann kommen wir je wieder in diese Nillandschaft, je wieder in diese Dörfer, unter diese Menschen!?

Bäuerin beim Buttern

DIE LIBYSCHE WÜSTE

Knapp zehn Kilometer vor Assiut biegen wir nach Westen ab. Die Wüste beginnt ohne Übergang, dehnt sich endlos. Öde, Sandberge — bald mit weichen, bald mit harten Konturen.
Diese Wüste ist niemals eintönig, ist auch nicht gelb wie in unseren Bilderbüchern, ist keine Sandwüste. Oft steigen Schwärme senffarbener Vögel von der Fahrbahn auf, klein wie Spatzen. Man fragt sich, wovon sie leben.
Wir fahren durch weite Gebiete glitzernder Steine, sie scheinen zum Reich eines sagenhaften Silberkönigs zu gehören und fließen über ins Land der Riesenbuckel, zwischen denen Flimmerteppiche ausgebreitet sind. Und dann kommt die Ebene der schwarzen Kugeln, kilometerweit, so gleichmäßig ausgestreut wie Murmeln.
Wir rasten auf einer Anhöhe, sehen hinab in gelbe Täler, auf niedrige Höhenzüge, auf dunkle Felsen.
Der Wind treibt den Sand über die Straße, Schleier stäuben auf. Später zeigen sich die ersten Vorboten der Vegetation, dünne Büschel strohigen Grases.
An der Straßenkontrolle bieten uns Kinder unaufdringlich, fast scheu, glänzende Datteln an, ihre kleinen Gesichter mit den bunten Kopftüchern leuchten dunkel über den hellen Kleidern.
Mittags, noch vor zwei Uhr, erreichen wir die Oase Charga. Sie ist ganz anders, als wir uns eine Oase vorstellen, recht europäisch, ein Landwirtschaftsgebiet, und der Ort Charga selbst ist eine kleine Stadt.
Wir sollen hier von Herrn Adam geführt werden — dem «ersten Menschen», wie ihn Frau Inge genannt hat, doch zunächst ist er unauffindbar.
Unser Hotel ist modern, aber so verschlampt, so verdreckt und heruntergekommen, daß es uns alle ekelt. Deprimiert und erschöpft halten wir unsere Mittagsruhe in den eigenen Schlafsäcken.

DIE NEKROPOLE EL-BAGAWAT

Im Eiltempo werden wir durch eine frühchristliche Begräbnisstätte geführt. Über zweihundert Bauten im Sand, ein Dorf, sogar eine kleine Stadt auf einem Höhenzug, ohne Hauch, ohne Laut — ein Motiv für surrealistische, todessüchtige Maler. Nichts Ausgestorbeneres läßt sich denken als diese Siedlung der Toten, die in Häuschen mit Kuppeln ruhen, zwischen Rundbögen unter Kapitellen, zwischen Halbsäulen und Pilastern.

Anastasius und Nestorius, koptische Theologen, waren am Ende der römischen Kaiserzeit nach el-Charga verbannt worden, Christen folgten ihnen in die Wüste, um hier ihrem Glauben zu leben und im Glauben zu sterben: selige Gewißheit.

Man sieht die Kapelle des Auszugs, wo in der Apsis in koptischer Malerei der Auszug des Volkes Israel aus Ägypten dargestellt ist, Abraham, bei der Opferung seines Sohnes Isaak, Golgatha und das Kreuz Christi. Man bekommt die Kapelle des Friedens gezeigt, geschmückt mit Heiligenfiguren, mit Daniel in der Löwengrube, Adam und Eva — und der Verkündigung, bei der eine Taube der Maria die Botschaft ins Ohr sagt.

Doch ergreifender als alle alten Bilder ist der Ort, seine Verlassenheit und sein Ausgesetztsein in der Sandwüste, preisgegeben der sengenden Sonne.

Wir stehen im grauen, braunen Sand, vor uns die Wüstenberge, hinter uns, in der Ebene, in der Tiefe, das saftige Grün.

Steinbrocken, kein einziger Baum.

Hastig durchstreifen wir den für die Ewigkeit gedachten Ort, die Lehmbauten und die eingestürzten Mauern.

Gleich sollen wir wieder zurück. Ruhelos. Ich explodiere: «Frau Doreya, Sie verderben uns die ganze Reise!»

Zum Ausgleich dürfen wir dann auf einem benachbarten Hügel Sandrosen suchen.

DER HIBISTEMPEL

Ein friedlicher Platz, leuchtende Mauern vor dem Blau des Himmels, Palmen — große Mimosen. Säulen und Holzstützen. Teile von Reliefs, die wieder zusammengesetzt werden müssen, ungeordnete Steinhaufen.
Vier Tore führen in diesen Amun geweihten Bau, den einzigen, den die Perser — unter Darius — in Ägypten bauen ließen. In seinem Allerheiligsten findet man die gesamte Götterwelt mit ihren Tieren und dazu die syrische Göttin Astarte.
Der Boden rings um den Tempel ist übersät mit Tonscherben — und dauernd knattert eine Motorpumpe, die Wasser aus achthundert Meter Tiefe fördert.
Ein Esel schreit: die Melodie Ägyptens.
Die Mauern des Heiligtums verwinden sich, wellen, sinken ein. Der Boden ist hier niemals ruhig, vor wenigen Tagen erst gab es ein Erdbeben in Assiut.
Darüber Palmen, die wie Tänzer ihre Huldigungen darbringen. Ich sitze mit Sahid auf einer Mauer, Windwolken betrachtend, und er erzählt mir in gebrochenem Englisch, daß er zwei Frauen habe und zweieinhalb Kinder. Er lacht schallend.
Die Steine um uns schweigen. Sie erzählen nie etwas von dem, was sie gesehen haben. Denn alles Dauernde ist stumm, nur das Vergängliche redet.
Wir sind umschwärmt von lästigen Fliegen.

In der Libyschen Wüste

HERR ADAM

Nach dem Abendessen empfängt uns Herr Adam. Wir fahren zu seinem winzigen Haus. Es liegt weiß und anmutig in einem kleinen Garten.
Der Herr steht in einer schneeweißen Galabeja unter der Pergola, nein, er steht vor allem unter der Lampe, ihr Licht fällt voll auf seine imposante Persönlichkeit. Er ist nicht groß, eher gedrungen, und noch nie habe ich eine so strahlend weiße Galabeja gesehen, sie muß gerade aus der Wäsche kommen. Sein Bauch wölbt sich spitz vor, das elegante Gewand folgt der Form schmeichelnd, eine nach vorn gewölbte Linie, die am äußersten Punkt steil abbricht und lotrecht nach unten fällt, bis über die Füße, wo sie den Boden berührt. Seine Haare sind kurz geschoren, er hat einen wohlproportionierten Schädel, ein waches, intelligentes Gesicht, über der Oberlippe einen feinen, scharfen Schnurrbart. Sein Hals, der aus dem offenen Kragen hervorschaut, ist faltig.
Er begrüßt uns gemessen lächelnd, würdevoll, und führt uns in sein winziges Arbeitszimmer. Es mißt vielleicht anderthalb auf drei Meter, er selbst füllt es fast aus mit seiner beachtenswerten Persönlichkeit. Aber es finden sich auch für uns noch Sitzgelegenheiten — wunderbarerweise —, kleine Rokokostühlchen mit Plastik-Schutzbezügen, ein entsprechendes Rokokosofa, Hocker — Bücherregale, ein runder Tisch, und wir sitzen zu zweit, zu dritt, teils auf den Armlehnen.
Herr Adam selbst nimmt an seinem Schreibtisch Platz, er faltet die runden Händchen, wendet uns seinen Oberkörper zu, sein Blick schweift über uns hinweg, über jeden einzelnen. Dann schaut er versonnen über seine Bücher, an die blau gestrichene Wand, auf den Andenkentisch mit der venezianischen Gondel aus Plastik, auf das Bild des Markusdoms, auf das Reh und die Fotos von sich selbst in Uniform (es könnte die Uniform eines Kapitäns der Kriegsmarine sein), über zerschlissene Bücher und über die goldenen Wimpel am Ständer.
Und indem er schaut, zieht er unsere Blicke mit sich, denn das ist der Zweck seiner betrachtenden Augenwanderung. Er wartet, bis wir alles gesehen, in uns aufgenommen haben.
Dann setzt er sich eine Brille auf und spricht zu uns, sich seiner Bedeutung voll bewußt. Er ist stolz auf die alte Kultur, um derentwillen wir hierhergekommen sind, so, als sei es seine eigene

oder zumindest die seiner Väter. Der Name Charga, erklärt er, komme von Hibis, und Hibis komme von Hept, und Hept heiße Pflug. Wir befinden uns also hier auf einem schon seit Jahrtausenden kultivierten Boden.
Auch er redet, wie Adly Mikael in Beni Hasan, englisch zu uns, nicht laut, überlegend und die Worte sorgfältig wägend. Er verbreitet sich über Chargas reiche Vergangenheit und über die Wohlhabenheit der Oase. Er legt uns eine große Mappe vor, sie stammt aus dem Metropolitan Museum in New York und zeigt in peinlich genauer Nachzeichnung sämtliche altägyptischen Reliefs, die man in Charga gefunden hat.
Dann spricht er über das moderne Charga, New Valley, oder, auf arabisch: El-Wadi el-Gedid, Neues Tal. Zwischen zwanzig und fünfzig Kilometer ist die Oase breit, el-Dachla eingeschlossen, und etwa zweihundert Kilometer lang.
Niemals regnet es, und doch ist es ein fruchtbares Gebiet mit Feldern und Palmenhainen, mit Bauerndörfern und Gärten, alles wird durch Quellen bewässert. Das Wasser steigt aus einer Tiefe von sechshundert Metern und mehr empor, oder es wird gepumpt. Man baut immer mehr Brunnen, in Charga gibt es Süßwasser, morgen wird er uns zu einer warmen Quelle führen. Nur in Dachla ist das Wasser salzig, dort muß man es durch Verdunstung entsalzen.
Da am Nil das Fruchtland nicht vermehrt werden kann, Ägyptens Bevölkerung aber wächst und wächst, versucht The Sahara Development hier neues Land zu gewinnen, durch das dann die Oasen in der Libyschen Wüste nach und nach miteinander verbunden werden sollen.
Unserem betagten Schweizer Zahnarzt wird es allmählich langweilig. Unvermittelt erhebt er sich vom Rokokostühlchen und unterbricht den informierenden Redestrom, indem er Dankesworte auf französisch formuliert. Ob Herr Adam auch dieser Sprache mächtig ist, gibt er nicht zu erkennen, jedoch bietet er uns mit dicken Händchen zwei verschiedene Sorten Datteln aus seinem unterirdisch getränkten Garten an. Beide zeichnen sich durch große Süßigkeit aus.
Auch seine weichgepolsterte Lady, kurzbeinig, rund und rosa, erweist uns die Ehre, serviert Pfefferminz- und Karkadétee. Frau

Doreya beginnt sofort einen arabischen Schwatz mit ihr und fühlt sich wohl.
Danach brechen wir auf, bedanken uns nochmals, und Herr Adam geleitet uns bis zum Gartentor, bis zur hellen Lampe. Da steht er und läßt sich beleuchten.
Da wir übermüdet sind, verbringen wir im Schmuddelhotel eine leidliche Nacht. Die Esel schreien, und auch die Hühner werden seltsamerweise niemals ruhig. Ihr Krähen geht am Morgen melodisch über in das Gebet des Muezzins. Er singt mit starker, schöner Stimme. Einen Moment schweigen sie verdutzt, dann fallen sie schmetternd ein.

CHARGA Herr Adam wird sich erst am Nachmittag unser annehmen. Frau Doreya fährt mit uns durch die moderne Stadt Charga. Da stehen die genormten zwei- oder auch dreistöckigen Betonhäuser — rechtwinklig zur Straße ausgerichtete Blöcke, neu oder doch erst wenige Jahre alt und schon abgenutzt. Die Bewohner brachten ihr altes Leben mit: die Balkone sind vollgestopft mit Taubenkäfigen.

Wir möchten alle gern in die alte Stadt, aber wir müssen ein Museum besichtigen. Im Vorraum schläft der Wärter unter einer grauen Wolldecke, draußen steht ein Esel im sumpfigen Teich.

Sonst? Ein Horusfalke, ein Löwe mit Menschengesicht, koptische Keramik — der reine Zeitverlust.

Aber drei Soldaten möchten von uns unbedingt vor dem Eingang fotografiert werden.

Dann eine Töpferei, in der zwei ärmliche Arbeiter an zwei Drehscheiben beschäftigt sind. Sie kneten, walken, ihre nackten Füße klatschen auf die Schwungräder — hier ist nichts Typisches, nichts Besonderes, was sollen wir hier? Die Sonne brennt durch das Fenster in den Raum, auf dem Boden liegen Tonklumpen, man zeigt uns, wie sie mit bloßen Beinen zerstampft werden.

Wir müssen die Entstehung einer dickwandigen, kunstlosen Vase abwarten, im Hof verrottet ein Brennofen. Wir werfen einen Blick in die Lagerräume.

Rührend nur ist im Hof ein alter Blinder, der die dürren, ledernen Hände ununterbrochen bewegt, wie knetend, nach alter Gewohnheit. Sonst kann er nichts mehr tun. Aber hier wird er geduldet, und hier hockt er in der Wärme, hier ist er zu Hause.

Gleich nebenan ist eine Weberei. Den langgestreckten Bau erfüllt das Gezwitscher von Mädchenstimmen. Fatma liest laut und monoton aus einer gedruckten Anleitung das Muster vor, welche Farben, wie viele Verknüpfungen — es sind einfache Teppiche aus Kamelhaar, die so entstehen, auf «stehenden Webstühlen» bei den Mädchen, auf «liegenden» bei den Jungen. Ein Arbeiter verdient hier etwa siebzig bis achtzig Piaster am Tag. Unser amerikanischer Begleiter, John, fragt bekümmert, ob wir uns noch wundern, daß gebettelt wird. Nein, wir wundern uns nicht. Aber die Menschen sind alle gutherzig, kindlich, vielleicht sogar zufrieden. Sie lachen viel, sie freuen sich über uns — und wir fühlen uns

deplaziert mit unserer Wohlhabenheit, unseren Fotoapparaten, unserem Hochmut.
Endlich ist dies alles abgehakt, und wir fahren nach Alt-Charga. Da findet man noch die dunklen, engen Tunnel, Irrwege in einem menschlichen Termitenbau, errichtet aus den Stämmen und Zweigen von Palmen, mit Lehm verputzt und ein vortrefflicher Schutz gegen Hitze und Sandstürme. Diese Gassen sind nicht breiter als zwei Meter und so niedrig, daß man oft den Kopf einziehen muß, um nicht an die durchhängenden Decken zu stoßen.
Darunter ist es wunderbar kühl.
Keine der Gassen verläuft gerade, sie folgen in vielen Winkeln und Bogen den Formen der Häuser, um die sie gelegt sind, zwischen denen sie sich hindurchwinden, an die sie sich schmiegen. Wir klettern auf einem Leitertreppchen auf das Dach eines Hauses, es liegt knapp drei Meter hoch über dem gestampften Hof, und kommen auf eine winzige Terrasse. Da gurren Tauben in Käfigen, eine Ecke wird von einem runden Backofen ausgefüllt, auf dem Boden verstreut liegt Getreide. Ich trete versehentlich hinein, die alte Hausfrau im schwarzen Kleid mit dem zerknitterten Gesicht lacht, vielleicht über mein Erschrecken, sie freut sich — ein Spaß! Sie wird ihren Nachbarinnen davon erzählen. Fliegenschwärme umschwirren uns, Hühner gackern sogar hier oben, winzige Küken — unsere Schweizer Zahnarztfrau lockt sie mit kehligem «Visivisi»! Eine Pergola aus Palmblättern bietet Schutz vor der Sonne. Es riecht nach Dung — und vom Nachbarn tönt das Radio herüber, arabische Lieder, endlos, gleichförmig.
Die schiefen Tritte hinab. Unten lächelt uns eine bildschöne Tochter an, die sich aber gleich wieder versteckt.
Im dunklen Tunnelgang sitzen Frauen, die Strohmatten flechten, irgendwo rattert eine Nähmaschine — und dann sausen plötzlich zwei Buben auf Fahrrädern mit wildem Klingeln um die Ecke.
Auch dies ist ein fruchtbares Land, es wimmelt von niedlich verdreckten, spielenden Kindern, die bunt sind wie Bälle, und viele Frauen sind gesegneten Leibes.
Dann schlendern wir durch die kurze Marktstraße, hier wird Gemüse verkauft, man begegnet uns nur mit Freundlichkeit.
Doch wieder will man uns den wirtschaftlichen Aufschwung der Oase zeigen («ach, hätte man uns doch nur in der alten Stadt ge-

lassen»). Wir fahren im Bus zu einer Entenfarm, The Pikini Duck Lake in Monira, zwanzig Kilometer entfernt. Alle Straßen ins Land hinaus sind vom Sand überweht, sie müssen immer wieder freigeschaufelt werden, die Dünen wandern meterhoch. Achttausend Enten werden auf dieser Farm jährlich produziert, auf zwanzigtausend will man es steigern. Da schwimmen nun Hunderte von Enten mit ihren Küken in grünen Teichen, zwischen weit überhängenden Bäumen, weiße Flecken, Formen, die im Aneinander-Vorbeiziehen verschlungene Muster weben. Ihr ununterbrochenes Quaken und Piepsen erfüllt die Luft.
Wir sitzen bald mißmutig auf den Bänken unter Eukalyptusbäumen und wären viel lieber in Alt-Changa geblieben, das Mister John «very wonderful» fand.
Die Wüste ringsum verzaubert durch die feinste Abstufung der Gelb- und Brauntöne, durch das Ineinanderfließen der Farben, über die der Flugsand lichte Schleier zieht.

KASR EL-GHUITA Gleich nach dem Mittagessen holen wir Herrn Adam ab. Er sieht heute armselig aus, in abgetragener Hose und abgeschabter Jacke mit aufgeplatzten Nähten. Entschlossen reißt er das Mikrophon an sich.

Er führt uns vorbei an modernen Siedlungen, auf die er sehr stolz ist, durch Sanddünen, fünfundvierzig Kilometer in die Wüste.

Der Kasr el-Ghuita liegt auf einer einsamen Hügelkuppe wie eine mittelalterliche Festung, und das war er ja auch — eine Festung mit einem Tempel für die thebanischen Götter Amun, Mut und Chons. Ein einsamer Reiter auf dem Maultier trabt aus weiter Entfernung darauf zu — der Wärter.

Während wir auf ihn warten, schauen wir von oben über das Wüstenland — kilometerweit über unregelmäßig verstreute Oasenflecken, Inseln in einem Sandmeer, an dessen äußerstem Rand silbrige Gebirge aufschimmern. Wir blicken über Sandhügel, die Schatten werfen, über Vertiefungen, in denen sich Feuchtigkeit sammelt und Palmen wachsen. Dies ist ein einzigartiger Platz — er hörte die Geschichten längst verstummter Männer, Türken prahlten hier mit Heldentaten, mit Weibergeschichten, süß und schwül wie Moschusduft, sehnten sich in dieser Einöde nach den Brüsten, nach der Schenkelfeuchtigkeit ihrer Frauen, für die sie Ketten, Schmuck und wohlriechende Salben in den Satteltaschen mit sich führten.

Was für Karawanen mögen hierher gezogen sein? Auch sie sind verschwunden — die Kamele, die Männer, die Erschöpften, die Frauen, die tief verschleierten Mädchen. Wo haben sie die Nächte verbracht auf den weiten Wüstenwegen, wenn die Kälte vom Himmel niedersank und die Schakale heulten?

Der Wärter steigt von seinem Maultier. Er reicht uns allen seine weiche Hand. Herr Adam berichtet, daß die Beduinen den Tempel als Wohnung benutzten und die Türken ihn zur Festung ausbauten. Heute stehen hier rostbraune Lehmwände — verlorene Reste. Wir zertreten, indem wir in ihnen herumwandern, die ehrwürdigen Steine. Die Mauern, auf denen wir uns niederlassen, stürzen ein. Der Tempel ist von Sand überweht.

Der Wind ist emsig am Werk, er glättet alles, beißt an den Mauern, schließt jeden von der Welt ab und hüllt ihn ein.

Der Sand klimmt vom Wüstenboden die Außenmauer empor, legt sich vor sie wie ein Wall.
Aber im Allerheiligsten wohnt heute noch eine Schlange, wer weiß, welche Gottheit. Der Wärter schlägt mit dem Stock auf den Boden, um sie zu vertreiben.
Wir finden eine Tonscherbe. Es ist der feine Fuß einer Schale, eine Dame mag sie einstmals in der Hand gehalten, sich darüber gefreut haben.
Dann bleibt der Wärter einsam zurück. Lange steht er auf dem Hügel, eine kleine Gestalt — und ich frage mich, was für einen Einfluß die Wüste wohl auf die Menschen haben mag, auf ihr Denken, auf ihr Fühlen. Vielleicht rücken sie enger zusammen und vielleicht sie empfinden weiter. Daher ihre Ruhe.

Kasr el-Ghuita

KASR SAIJAN Unser Wagen schlingert durch den Sand. Die Wüste errötet, es wird Abend. Auch dieser kleine ptolemäische Tempel liegt halb verschüttet. In der Nähe ein Dorf, da krähen die Hähne, klopfen Hämmer, spielen die Kinder. Schafe blöken, und Rinder stehen stumpf-geduldig vor niedrigen Behausungen.

Der Tempel genießt die Nähe dieses Lebens, er ist nicht vereinsamt, die Geräusche sind immer um ihn, und die Menschen sind freundlich.

Wir erleben die schrägstehende Sonne als ein Wunder von Glanz und Milde. Lang greift der Schatten der Burg über das Linienmuster der Wege und Häuser.

Ich trenne mich von der Gruppe und wandere ins Dorf hinab, finde eine Familie in der Gasse, eine Mutter mit ihrem Sohn. Er spricht ein wenig Englisch, das er in der Elementarschule gelernt hat, sein Bruder, seine Schwester, alle kommen vors Haus. Sie begrüßen mich Fremden herzlich, sind kindlich-glücklich, daß einmal jemand zu ihnen findet, sie beschenken mich mit Orangen, zeigen mir Karkadéfrüchte, wollen wissen, wo Deutschland liegt: «Oh, bei Frankreich, bei England!» Das Mädchen ist so liebschüchtern, zugleich so kokett, daß ich sie mir sehr gut als schamhaft erglühte Verliebte vorstellen kann. Gern bliebe ich bei ihnen, einen Tag, eine Stunde — doch das energische Hupen des Busses zwingt mich, sie zu verlassen.

Wir sollen noch etwas von der «Entwicklung» der Oase sehen, Herr Adam dringt darauf. Wir fahren zu einem Feld, auf dem ein Campingplatz entstehen soll mit Bademöglichkeiten, das Wasser wird mittels artesischer Brunnen aus der Tiefe geholt. Es ist lauwarm, in Dachla soll es noch wärmer sein, zweiundvierzig Grad Celsius. Wir besichtigen ein einfaches Gästehaus, das kaum seinen Namen verdient, stehen herum, trinken Tee, betrachten Lufafrüchte am Baum, aus denen Schwämme hergestellt werden.

Herr Adam ist stolz auf alles, was neu geschaffen wird.

WÜSTENDÄMMERUNG

In den kleinen Siedlungen gehen die Lichter an, wie friedlich anheimelnd sie sind. Der Tag verabschiedet sich mit einem goldenen Vorhang, den er am Horizont emporzieht — so leuchtend ist der Himmel über dem toten Land, so intensiv.
Ein Reiter trabt über das Feld, wilde, heimatlose Hunde streunen herum, suchen nach Nahrung, sie gehören keinem, und daher sorgt auch keiner für sie.
Wir kommen an einigen Radfahrern vorbei, sonst ist die Straße leer, sehr selten einmal ein Lastauto, ein Reiter mit Körben.
Ich gerate ins Träumen. Der Mensch in der Wüste: Er erfüllt sie mit Wundern, mit Zuneigung, Liebe und Haß. Hier, in der Einöde, wird er in seiner Fülle sichtbar, und hier ist er auch das Geschöpf geblieben, das er schon vor Jahrhunderten war: einfach, bescheiden und weise. Grausam auch, aber auch in der Grausamkeit genügsam, nämlich nur individuell grausam, nicht global. Nichts von dem, was die Menschheit zerstören wird, wurde in der Wüste erfunden.

DACHLA

Abfahrt um fünf Uhr früh, in tiefster Finsternis. Die Dunkelheit ist eine undurchdringliche Wand, schwarze Mauern, an denen man entlangfährt, in die man hineintaucht. Ja, es ist, als führe man durch einen Wald dichtstehender, hoher Bäume — dabei ist ringsum Weite.

Doch hoch über dieser Nacht funkeln die Sterne, hängt der Orion schief.

Dann hebt sich ein heller Streifen am Horizont. Lehmberge, Pyramiden und Buckel gewinnen Gestalt im Morgenlicht, die Sandebene rötet sich. Scharfe Einschnitte und Abbrüche lassen die vielfältigsten Formen entstehen.

Vorbei an der kleinen Oase Teneda, die umgeben ist von Höhenzügen, dann das Dorf Baschendi, wohin die Kinder in kleinen Trupps von weither über die Felder zur Schule wandern. Der Unterricht ist Pflicht, wer nicht kommt, wird bestraft. Die Schulbaracken liegen vor der alten Siedlung.

Wir steigen aus. Vor uns Gebäude in reinster Lehmarchitektur, gebreitet über einen sanften Hügel, darüber der weite Himmel, Licht — alles in ein Strahlen getaucht, das blendet.

Die hellbraunen, kastenförmigen Häuschen sind sauber und glatt gestrichen, nur zwei Stockwerke hoch, verstrebt mit Balken, einer Art Fachwerk, haben winzige Terrassen auf viereckigen Türmchen, dazwischen Mauern, auch sie in der Farbe heller Tabakblätter. Die Wege: zertretener, zerstampfter Sand, man läuft gut hier, aber nicht leicht, denn der Boden ist weich unter den Füßen. Man wandert in Tausenden von Fußspuren, die ihre Konturen verlieren durch den Wind, durch den nächsten Tritt. Auf den Dächern leuchten Decken und Tücher in den buntesten Farben. Der Wüstenbewohner liebt das starke Rot, das starke Blau, alle Tönungen, sie ersetzen ihm die fehlenden Blumen. Auch die Kinder, die uns in Rudeln folgen, tragen knallbunte Kittelchen aus Baumwolle. Sie wollen uns Kleider verkaufen oder Reifen und Münzen, die auf Stoff aufgenäht sind und klingeln.

Ich mache in den Zipfel meines Taschentuches einen Knoten, wie ich es in meiner Kindheit oft getan habe, setze den Knoten auf meinen Zeigefinger, ziehe die anderen beiden Zipfel über Daumen und Mittelfinger, so entsteht ein kleiner Mann, ein Araber im Burnus, oder ein Geist, aus dessen Turban eine Spitze emporragt.

Ich bewege das Männchen über meinem linken, zur Bühne abgewinkelten Arm wie eine Kasperpuppe, lasse ihn die Ärmchen ausbreiten und nicken. Die Wüstenkinder werden ängstlich, wütend, sie werfen Sand nach ihm, sie schreien, gebärden sich wild, laufen davon. Sie realisieren nicht, daß er eine Puppe ist, halten ihn für lebendig.
Nur ein vorwitziges Mädchen will, daß ich es mit dem Finger an die Backe schnippe. Auch sie sucht die Berührung, die Zuwendung, immer wieder.
Wir dürfen ein Haus anschauen, treten in niedrige, winzige Räume: Boden, Wände und Decken, alles aus Lehm, aber sauber. Wir wünschen, wir könnten hier schlafen, statt in dem verschlampten, angeblich so modernen Hotel. Wir gehen durchs Haus, steigen eine gestampfte Treppe empor, oben ist der Balkon, eine Terrasse, wir blicken über das Dörfchen, über die weiche Sandmulde und die Hügelkuppe, wir blicken in Gärtchen, auf Palmwedel, auf das Grün der Oase.
Nach Balat, einer Ausgrabungsstätte. Tief im Boden ein Grab, Mauerreste, Rechtecke, die letzte Ruhestätte von Ama-Bibi, aus der sechsten Dynastie. Daneben eine zusammengesunkene Mastaba, ein unregelmäßiger Hügel — hier liegt Heka, auch aus der sechsten Dynastie. In der Nähe ein Hain, helle Bäume, mitten in der Wüste, die man doch keine Dürre nennen kann, nahe der majestätischen Höhenlinie der Vogelberge.
Und wieder dehnt sich die Ebene ohne jedes Leben, sogar die Färbung wird grau.
Die Stadt Mut: moderne Häuser an der Einfahrt, ein Café an der Straßenecke, davor alte Männer auf Holzstühlen, Handwerker. Wir erregen Heiterkeit. Vor dem grauen Schulbau treten die Kinder zum Fußballspiel an.
Auf dem Hügel ein mohammedanischer Friedhof mit hausähnlichen Kuppelgräbern, frischen Grabstellen. Nach so vielen Gräbern, die Jahrtausende alt sind, wirken diese frischen Grabstellen wie ein Zeichen neuen Lebens!
Sahid dreht das Autoradio auf, um die Wüstenstille zu übertönen. Eine arabische Sängerin singt endlos einen alten Kinoschlager. «Ja», erklärt Sahid, «sie war sehr berühmt, sie sang in Paris und starb erst mit achtzig.» Was sie singt, ist eine Liebesschnulze mit

Hunderten von Strophen, es will und will nicht enden, Klage und Sehnsucht, gutturale Lockrufe — Sahid freut sich, er brummt mit. Der Himmel ist pastellblau geworden.

Dann biegen wir von der Piste ab, überqueren ein Geröllfeld und kommen zu einem Sandhügel, der Gräber aus der römischen Zeit birgt, doch weiß man nicht, wer hier begraben ist. Der Platz heißt Mosawaka. Wir sehen primitive, aber gut erhaltene Wandbilder der ägyptischen Mythologie, das Totengericht, Anubis und Osiris. Der Hügel trägt eine Krone aus verwittertem Sandstein, davor steht eine Hütte, ein brauner Würfel, darin verbringt der Wärter den Tag, sein Gefährte ist ein klagender, angepflockter Esel.

Flirrende, blendende Helle, Glut — im Kies liegen Fetzen von Mumienbandagen, morsches, braunes Gewebe, man faßt es mit Schaudern an, mitten unter Scherben, ausgedörrten Knochen — wer weiß von wem? Alte Schuhe, Steine, Hölzchen, Ziegenhörner, Eselmist.

Die hellen Berge haben geschmiedete Zinnen.

EL-KASR Ein Dorf, eine kleine Stadt beinahe, so wie sie früher gebaut wurden, besiedelt schon in pharaonischer Zeit, heute fast ausgestorben, sehr dekorativ. Früher war el-Kasr eine blühende Gemeinde, überragt von einem Turm, aus dem nun stachlig Tragebalken eines herabgestürzten Umlaufs herausragen, in dessen Inneren man auf einer primitiven, aus Aststücken gefügten Wendeltreppe emporklettern kann.
Ein Blick auf graue Häuser, Gassen: ein Wohngeflecht, das den Hügel überzieht.
Der Muezzin brüllt so, daß man kaum sein eigenes Wort versteht. Man zeigt uns am mächtigen, mehrere Stockwerke hohen Rathaus einen Zapfen, an dem die Verbrecher aufgehängt wurden. Wir wandern durch überdachte Gassen, hinter einem Gitter aus Palmenstangen schreit ein Esel. Kaum hat er geendet, schnaubt er mir naß auf die Füße.

Blick auf el-Kasr

In ausgesparte Nischen der Hauswände wurden einst Öllämpchen gestellt, zur Straßenbeleuchtung.
Die Kinder hängen neugierig aus den Fenstern, sie lächeln — verschwinden aber sofort, wenn man die Kamera hebt.
Was sie aber doch lernen, ist — ganz leise, fast verschämt und desto drängender — «Bakschisch» zu sagen.
Ein hagerer, alter Mann im schwarzen Gewand reicht uns im Vorbeigehen fast liebevoll die Hand, die jungen Mädchen rennen, ungeachtet ihrer modernen Hosen, vor uns davon wie vor Teufeln.
Versteckt im Schatten einer Tamariske steht eine tausend Jahre alte Wassermühle. Sie schöpft das Wasser aus dem Bach mit Tonkrügen, die auf ihr Rad geflochten sind. Hier will John von uns fotografiert werden.
Und Tauben flattern.
Wir alle sind müde, Sahid schläft im Bus, Mittagshitze. Vor dem alten Städtchen, am Rande der Wüste, ein Fußballplatz, auf dem Kinder schreien und toben.
Der Wind — man weiß nicht, wo er herkommt, ob er vielleicht von selbst durch die aufsteigende Glut entsteht — weht den Sand über die Straße.
Wir fahren an einem Sumpfgebiet vorbei. Es ist eigenartig, hier die schlammige, fruchtbare Fläche zu sehen. Da stehen Rinder, und mitten unter ihnen einige Kuhreiher, sie suchen die Nähe von Mensch und Tier, denn dort gibt es Nahrung.
Kinder mit Strohkörben auf dem Kopf kehren vom Feld ins Dorf zurück.
Über klobige Steine zu einem Rasthaus, der Bus bleibt fast stekken. Fliegenschwärme beim einfachen Essen, im Vorraum hängen Amphoren in Holzgestellen, sie tropfen, verdunsten Wasser und kühlen so den Raum.
Vor dem Haus eine heiße Quelle, ein Bach, ein nackter Bub badet darin, die Schwester wäscht, die schwarzen Haare fallen ihr lang über das Gesicht.
Zurück über Mut — jetzt, zur Mittagszeit, scheint die Stadt zuerst wie ausgestorben, das Café, die Geschäfte geschlossen.
Aber kaum steigen wir aus, sind wir umringt von schreienden Buben und Mädchen. Ein junger Führer im knallgelben Anzug

stößt zu uns, vielleicht ist er ein Student — er ist äußerst aggressiv, aufgeregt, brüllt, schlägt mit dem Stock um sich, vertreibt die Kinder, führt uns im Eiltempo durch die ersten, malerischen Gassen. Wir müssen rennen, um ihm zu folgen. Lehmhäuser, Plätze, alles sehr fremd: Illustrationen, Bühnenbilder.
Ein Schneider sitzt auf seiner Schwelle und näht. Ein alter Kaufmann faßt mich am Ärmel, zieht mich in seinen Laden, deutet auf Heiligenbilder über dem Warenregal — unser Führer explodiert vor Wut, schreit den Alten an, als wolle er ihn umbringen, der Alte zetert zurück, wir verstehen kein Wort. So, hin und her brüllend, geht es weiter.
Wir fühlen uns unwohl. Aber man erklärt uns, daß die Bewohner des Ortes Touristen nicht gewöhnt seien, daß man Belästigungen befürchtet, auch Schlimmeres.
Auf der Rückfahrt kommen wir an salzverkrusteten Verdunstungskanälen vorbei, zur Gewinnung von Süßwasser.
Die Wüste färbt sich goldgelb, dehnt sich weit unter den Silberbergen, ist wie geschmiedet, gehämmert, ziseliert und schwingt in sanften Wellen und Erhebungen dahin.
Vorbei an Canyons, eingeschnitten in Marmorplatten, die Farben sind überwältigend. Immer intensiver wird die Zwiesprache der Sonne mit den Körpern, immer drängender, die Schatten leuchten in tiefer Bläue, die Nacht vorausahnend.
Scharf stehen die Kegel im Vordergrund, pastellblaß die Höhenzüge.
Erst in der Wüste erlebt man die künstlerische Meisterschaft der Natur — welche Wunder sie schafft mit so wenigen Mitteln, hier, wo sie fast nur mit einem Material arbeitet und auf die Vielfalt der Vegetation verzichtet.
Doch das müde Auge sieht nichts, das müde Herz fühlt nichts, der müde Kopf denkt nichts. Etwas träumt in uns, und wir wissen nicht, daß wir träumen . . .

VON CHARGA NACH MINIA

Kühle am Morgen, erfüllt vom Gesang des Muezzins, vom Hühnergegacker, von Eselgeschrei — und als Klangfarbtupfer das Brummen von Lastwagen.
Abfahrt um acht durch wehenden Sand. Noch einmal die Wüste, wir halten an, spazieren ein Stück, empfinden Freiheit, Ungebundenheit und eine fast mittelalterliche Geborgenheit in der Schöpfung. Der grenzenlose Horizont schafft zugleich eine Verbindung zu allen Dingen — um den ganzen Erdball.
Um zehn nähern wir uns dem Nil. Es wird grün, unvermittelt tauchen wir in die Fruchtbarkeit. Hier der letzte Wüstenstein von Milliarden, hier der erste Halm einer üppigen Fläche.
Die Automechaniker, die an Lastwagen die großen Reifen wechseln, gleichen in ihren hellen Galabejas emsigen Mönchen.
Den Kanal entlang fahren wir nach Norden, links die Bauerndörfer, die Häuser, die Kinder. Vieh, Unordnung: Leben. Rechts die Wasserstraße, Wiederbegegnung mit den grauen Segeln der Feluken. Jetzt verstehen wir: Sie sind gefüllt mit dem Wind aus der Wüste. Nur er hat diesen langen, ruhigen Atem, nur er kommt nicht aus dem Jetzt, sondern aus der Tiefe der Zeiten.
Durch Städtchen. Märkte. Dazwischen ein Friseur beim Rasieren: wie stolz ist der Knabe, daß der erste Flaum geschabt wird. Verkäufer von Spiegeln, Kämmen, Bürsten, Süßigkeiten. Schwüler Qualm steigt aus den Bottichen der Teigbäcker, hüllt sie in blauen Dunst.
Ein junger Führer, sehnig und elegant, steigt zu uns in den Bus. Er soll uns nach Tell el-Amarna bringen.

AMARNA Was ist das? Wie kann man das verstehen? Ein Knabe wird geboren, mehr als eintausenddreihundert Jahre vor Christus, wächst auf am glanzvollsten Hof von Theben, Sohn des mächtigsten Pharaos, ein träumerisches, ein schwärmerisches Kind, schwächlich von Gestalt möglicherweise, mit langgezogenem Gesicht, weiten Nasenflügeln, von schweren Lidern verhängten Augen — langgezogen der ganze Kopf, der Schädel weit nach hinten weisend, über jede Norm, wenn man den Bildhauern glauben darf.

Er wächst aber auf in aller Pracht. Sein Vater steht über allen Vätern, sogar in der Reihe der Könige eine große Gestalt, Amenophis III. — nur die Mutter ein wenig außerhalb der göttlichen Regel, nämlich nicht Schwester des Pharaos, sondern die Tochter eines Priesters aus der Provinz, Teje, die der Vater so sehr geliebt haben muß, daß er den Hof und den Adel mit dieser Verbindung brüskierte.

Wir wissen, was folgt, wenn es uns auch nicht recht begreiflich erscheint. Der Knabe wird Pharao, gesetzt in Amuns Stadt, die keinen Vergleich hatte in der ganzen damaligen Welt, wo Amuns Tempel, Karnak, seit Jahrhunderten wuchs und sich sein Harem befand, der zweite Tempel inmitten der Stadt — und er verläßt alles, die Stadt, die Götter, die Vielzahl der Götter, Amun vor allem, und hängt nur noch dem einen, einzigen Gott an, Aton, der Sonnenscheibe, deren sengende Strahlen er sieht und fühlt.

Er baut eine neue Stadt, Achet-Aton, «Aufgang der Sonne», verlegt die Residenz des Reiches dorthin, lebt und betet dort mit Nofretete, deren Name bedeutet: «Die Schöne wird kommen», verändert alle Sitten, die Kunst, zeigt sich dem Volk gegen jeden bisherigen Brauch als Mensch, als liebender Gatte und weinender Vater, dichtet einen Gesang auf die Sonne, der dem des heiligen Franz von Assisi zweieinhalb Jahrtausende später vergleichbar ist.

Und mit ihm versinkt seine Stadt, stirbt sein Gott. Der Sohn schon, Tutenchaton, dann Tutenchamun, kehrt nach Theben zurück zu den alten Göttern, ein Knabe auch er, dem zu leben nicht vergönnt war und der zum Ruhme kam nur über sein Grab.

Doch von ihm ist hier nicht die Rede.

Wir suchen die Stätte des Aton, von der nichts blieb außer dem Platz, einige Gräber, einige Fundamente — der heute ein Bedui-

nenstamm, die Amarna, ihren Namen gibt, so daß sogar die ganze Epoche des Echnaton nach den Beduinen genannt wird, die davon jedoch kaum etwas wissen noch etwas wissen wollen: die Amarna-Zeit oder die Amarna-Kultur.
Wir setzen im Motorboot über den Nil.
Drüben warten die Kinder, Dutzende, gedrillt und angesetzt auf die Fremden.
Sie schreien nicht, sie kreischen. Die Luft schwirrt von ihren Stimmen. Sie bedrängen uns, reißen an unseren Kleidern. Sie haben eine ganz bestimmte Methode, nehmen sich jeweils einen Touristen vor, hängen sich an ihn, betrachten ihn als ihre Beute und kämpfen um ihn. Sie wollen uns Baskets verkaufen, kleine Körbe aus Stroh, und bunte Steine.
An mir kleben zwei Mädchen, sie plärren mir ihre Namen dauernd ins Ohr, doch ich verstehe sie nicht. Shaofang wird das Opfer eines kleinen Ali-Baba. Er deutet auf sich und auf sie — sie gehört nun ihm und keinem anderen.
Wir steigen in Wagen um, die von Traktoren gezogen werden, können uns kaum durch die brüllende Horde kämpfen, die Kinder rennen, stolpern nebenher. Das Blechdach des Wagens donnert im Wind bei der Rumpelfahrt über die Schotterebene, auf die hellgelben Berge zu.
Die Kinder bleiben zurück, aber sie warten auf uns.
Wir klettern über rollenden Sand zu den Steinbrüchen hinauf, zu den Felsgräbern. Wir blicken zurück in die Ebene: Lag dort die Stadt des Echnaton, am Rande des Fruchtlandes, auf Wüstenboden? Wo sind die Tempel, das «Große Haus des Aton», der «Jubel des Aton» und «Aton ist gefunden»? Wo stand der Staatspalast «Es jubelt der Aton» mit den Gebäuden «Es leuchtet der Aton des Echnaton» und «Breite Halle des Aton»? Wo war der «Sonnenschatten der Prinzessin Meritaton», wo die Brücke, die die Hauptstraße mit dem Palast verband, wo waren die Magazine, das königliche Sekretariat, wo die Seen mit den Wasserspielen und den luftigen Kiosken, wo die prächtigen Villen und Häuser der zahllosen Beamten, Würdenträger, Vorsteher und Vorsteher der Vorsteher, der Priester?
Was wir sehen ist Öde, ist tellerflaches Land, sind zwei Wärterhäuschen mit Kuppeldächern.

Es fällt schwer, den bitteren Geschmack von der Vergänglichkeit alles Irdischen nicht auf der Zunge zu spüren.
Wir treten ein in das dunkle Grab des Ahmose, der ein Wedelträger Pharaos war. Das Mahl der königlichen Familie nahm er mit in die Ewigkeit — an der Wand.
Wir sehen das Grab Nummer vier von Merire I., der Hohepriester des Aton gewesen ist, sehen den betenden Herrn des Grabes, den Stabstrauß, wir sehen, wie Echnaton den Merire mit Gold beschenkt und ihn in sein Amt einführt. Wir sehen die königliche Familie in ihren Wagen auf dem Weg zum Tempel, die Leibwachen und die Prinzessinnen, die Priester mit den Opfertieren, die Musikantinnen und den Sonnentempel selbst mit den Flaggenmasten, den Pylonen und Altären.
Wir sehen die Prinzessinnen Meritaton und Meketaton der Sonne opfern, mit dem königlichen Paar, Echnaton und Nofretete.
Wir sehen auch das Grab des Pentu, des Oberarztes des Königs, der sich einen Sonnenhymnus in die Mauer kratzen ließ.
Wie düster ist alles.
Draußen überfällt uns das Licht, die blendende Helle. Wenn auch alles zerfiel, Aton selbst hat Tell el-Amarna nie verlassen.
Zurück mit Traktor und Anhänger, verfolgt von den kreischenden Kindern. Shaofang kauft ihrem Ali-Baba ein Körbchen ab, er darf sie schmatzend auf beide Backen küssen.
Einer unserer Mitreisenden versteht ihn: «Wenn wir könnten, würden wir alle Ihre Frau zur liebenswürdigsten Reiseteilnehmerin wählen!»
Zurück über den Nil, durch Zuckerrohrfelder, vorbei an Rindern und Wasserbüffeln, selten sehen wir ein Kamel. Aber die Kinder reiten auf den Zuckerrohrstengeln wie auf Steckenpferden.
In der Dämmerung fahren wir durch einen kilometerlangen Tiermarkt, zwischen Straße und Kanal. Rinder, Kamele, Hühner, Ziegen, Schafe, Federvieh — und dazu ihre Begleiter, hingelagert auf Stroh, mit den Kunden verhandelnd, feilschend, ihr Vieh vorführend, es anpreisend.
Kuppelgräber am Wüstenrand. Dann hoch im Felsen eine Gedächtnisnische mit Figuren, die wir nicht erkennen können: eine der vierzehn Grenzstellen Amarnas. Bis hierher dehnte sich Achet-Aton aus, es war eine riesige Stadt.

TUNA EL-GEBEL

Wir halten bei einem Rasthaus, das seinen Namen nicht verdient. Die Toilette ist so ekelerregend, daß ich es vorziehe, mein Glück hinter dem Haus zu suchen. Da sprudelt mir jedoch die Brühe des Klosetts aus dem gebrochenen Rohr entgegen.

Wir steigen hinab in Katakomben, in tiefste Nacht. Beleuchtet wird hier nur bis zwei Uhr mittags. Wir stolpern, sehen nichts, machen Witze — alle sind mürrisch und müde. Unserer eifrigsten Mitreisenden, die alles so gründlich betrachtet, steht die Desorganisation von Frau Doreya «bis zum Hals». Tägliche, stündliche Mißhelligkeiten, dauerndes Versagen vom Frühstück bis zum Abendessen, tausend kleine und große Dinge, die zu beschreiben nicht lohnen, die uns aber ständig beschäftigen, ärgern, ja verzweifelt machen — allmählich kulminiert es je nach Charakter zu Wut oder Fatalismus. Hier findet unsere Gefährtin alles zweitklassig, sie trauert den Pyramiden nach, den Gräbern in Theben — wir zwei den Dörfern, dem ländlichen Leben, den Märkten — alles flog so vorüber, von allem nur ein Hauch, ein Sekundenblick, manchmal nicht einmal das.

Hier sollten wir Mumien von Affen und Ibissen sehen, was eigentlich keiner wollte, aber selbst das ist mit unseren spärlichen Taschenlampen kaum möglich.

Müde schleppen wir uns zum Grab des Petosiris.

Tuna el-Gebel ist ein Gräberfeld in der Wüste, aus der griechisch-römischen Epoche der nahe gelegenen, zerstörten Gauhauptstadt Hermopolis magna. Es ist — vor allem, wenn das Tageslicht verblaßt — eine Stätte der Trostlosigkeit, wir erleben sie bei schwefelgelbem Sonnenuntergang in einem Licht des Vergehens, das noch einmal die Augen blendet, ehe es fahl wird.

Dazu eine Kühle, die uns nicht nur körperlich frösteln macht. Hier gibt es keine Heimat, keine Hoffnung, nur die Erbarmungslosigkeit des Unentrinnbaren. Der Wind bläst durch uns hindurch, er wird wütend, reißt, alles versandet. Wilde Hunde streichen ums Totenfeld, lauschen, wittern, bellen, beißen sich und fliehen.

Petosiris war ein Hohepriester in Hermopolis, 300 v. Chr. Eigentlich ist dieser kleine Bau mit den vier Säulen fremd hier in Ägypten, er könnte in Griechenland stehen oder auch in Rom. Die große Zeit der ägyptischen Kunst ist vergangen, noch hängt man an den alten Göttern, aber die Kraft ist dahin, und Neues kündigt sich erst zögernd an. Der Einfluß Griechenlands dringt in Ägypten ein — vor dem Totenglauben macht er noch halt, als zögere er, in die Tiefe der Seele zerstörend und auch befreiend einzudringen.

Wir sehen nicht viel. Die Senffarbe des Tempels verschwindet fast in der Senffarbe der verdämmernden Wüste. In kurzer Zeit wird alles nur noch eines sein: Finsternis.

Wir stapfen durch den Sand, lesen lustlos Scherben auf.

Mich ergreift das beklemmende Gefühl, daß wir hier nur das Vergehen stören und die vollkommene Einsamkeit — vielleicht ist dies das eigentliche Erlebnis des Ortes. Wie fehl sind wir an diesem Platze!

HERMOPOLIS MAGNA

Dämmerung. Die blühende Hauptstadt des fünfzehnten oberägyptischen Gaues ist verschwunden, abgetragen, als Dung auf die Felder gefahren. Nichts erinnert noch an jenen Ort, der die Griechen in Entzücken versetzte, so schön waren die Tempel und die Gärten mit den Teichen, voll der unberührbaren Vögel, die für die Mumifizierung vorgesehen waren — Falken und Ibisse, sogar Echsen, und außerdem Katzen, Schlangen, Ratten und Kröten, Affen und heilige Stiere, über deren Wohlergehen die Priester wachten.

Nichts erinnert daran, daß in Hermopolis nach ältestem Glauben der Ort der Weltschöpfung war, die Heimat der acht Urgötter, der Ort, der den Urhügel besaß, der Atum selbst war: das aus der Urflut, der Überschwemmung, auftauchende Wasser. Thoth hat hier als Ibis, als der große Schnatterer, das Urei gelegt, aus dem Ra, der erste Sonnengott, schlüpfte — so wurde Leben aus chaotischer Feuchte.

Trauriges Ende eines großen Mythos. Doch alle Mythen enden, wenn sie ihre Aufgabe erfüllt haben, und es gibt keinen Mythos, der nicht von einem anderen ersetzt wird. Wir selbst erleben in unserer Zeit das Ende des banalen Glaubens an den Fortschritt.

Die Reste des Thothtempels sinken in Dunkelheit, Parkanlagen und Teiche sind nicht mehr zu erkennen. Düster ragen die letzten zwei der ehemals acht riesigen Paviane in den Abendhimmel, mit Absicht durch Feuer und Wasser zerstört. Einst waren sie Kultfiguren von Thoth, dem Weisheitsgott.

Unsere eifrige Begleiterin ist böse, sie kann die Paviane nicht mehr fotografieren: «Bei Sonnenschein mußten wir ja in den Katakomben herumtappen!»

Es ist die Zeit, da die Bauern vom Feld heimkehren, mit den Eseln, den Maultieren, auch mit Kamelen. Ihre einzigen Werkzeuge, die Hacke und den Stab für den Viehtrieb, tragen sie über den Schultern.

Die Palmenbüschel stehen schwarz vor dem Abendhimmel.

Finstere Nacht bei der Ankunft in Minia.

VON MINIA ZUR PYRAMIDE VON MAIDUM

Wir werden geweckt vom Rücken der Stühle im Frühstücksraum über uns.

Die Nacht hat alle erfrischt, wir fühlen uns erholt. Wir blicken auf die modernen, heruntergekommenen Häuser von Minia, auf die Straße, auf das Durcheinander des Güterbahnhofs.

Abschiedsstimmung. Sahid-Habibi, unser Liebling mit dem runden, bulligen Gesicht, bekommt sein Kuvert mit dem Trinkgeld. Er bedankt sich, wie wenn ein Löwe knurrt.

Frau Doreya ist erkältet, sie hat einen klagenden Blick. Das hindert sie freilich nicht, während der Fahrt mit Sahid zu schnattern und vergnügt zu schreien, so daß die eingenickten Reiseteilnehmer davon geweckt werden. Sie raucht oder kaut oder nascht Süßigkeiten oder schluckt Tabletten oder schwatzt oder schneuzt sich trompetend.

Wir fahren den Ibrahimija-Kanal entlang, ein bezauberndes Bild in tausendfältiger Variation: Bauerndörfer, Städtchen, Lehmbauten. Aus der Erde genommen, selbst ein Stück Erde: die Wohnung des Menschen.

Es herrscht hier ein vollständiger Mangel an Kunst, auch in den kleinen Städten, aber all diese Bilder des urewigen Lebens sind in sich selbst, jedes für sich, ein Kunstwerk, und dabei stets in fließender Bewegung und Veränderung, so daß es wohl seit Jahrtausenden schon millionenmal sich ähnelnde, doch niemals dieselben gegeben hat. Unendliche Vielfalt im Gleichen. Der Fotograf möchte ununterbrochen auf den Auslöser drücken, der Empfängliche kann nur staunen.

Environments an jeder Ecke, vor jeder Haustür, in jeder Gasse, auf jedem Plätzchen, an jedem kleinen Kanal.

Gibt es irgendwo Vergleichbares in vergleichbarer Fülle?

Die Ägypter selbst sehen es nicht mehr, schämen sich der Armut und Rückständigkeit, verweisen auf moderne Schulen, auf Hospitäler.

Und wirklich erlebt man ja auch die Übervölkerung Ägyptens auf dem Lande hautnah, Dörfchen folgt auf Dörfchen, Haus klebt an Haus.

Viele Lastwagen mit Anhänger, hoch beladen mit Baumwollsäkken, die meisten sind in der Mitte aufgerissen, vielleicht, damit man die Qualität beurteilen kann. Die weißen Fasern quellen in Büscheln aus den Schlitzen.
Ägypten hat drei Haupteinnahmequellen: den Suezkanal, den Tourismus, die Baumwolle.
Die Autos stoßen dicke Qualmwolken aus, doch die Wüste ist die Lunge Ägyptens. Der Streifen Land mit der Straße am Nil ist so schmal, daß der Smog gleich darüber hinweggeblasen wird. So gibt es keine Luftverschmutzung. Grüne Felder, graziöse Kuhreiher. Man nennt sie hier die Freunde der Bauern, denn sie vertilgen die Schädlinge.
Die Pyramide sieht man auf zwei verschiedene Weisen: über dem Grünland und über der Wüste. So wird die Teilung Ägyptens besonders deutlich. Sie steht da wie eine übergroße Matrone, die ihren Umhang fallen ließ — da ist nur noch der steile Kern, ein erhabener Trotz gegen die keine Hoffnung lassende, die erbarmungslos anbrandende Wüste, die erbarmungslose Vergänglichkeit. Es ist wie ein Aufwerfen des Kopfes im Angesicht des Todes.
Man weiß nicht, ob König Snofru aus der vierten Dynastie die Pyramide für sich baute, denn es gibt noch zwei in Dahschur, die er errichten ließ, oder ob er sie nur für seinen Vorgänger Huni vollendet hat. Jedenfalls ist sie in mehreren Phasen über einer Mastaba errichtet, doch bereits im Neuen Reich begann man sie abzureißen, wodurch ihre turmartige Form entstand.
Wir fahren auf der Straße der Pyramiden am schnurgeraden Kanal entlang, auf dessen Böschungen Palmenhaine wachsen, an Kamelen vorbei, die so hoch mit langen Palmenwedeln beladen sind, daß sie mit gestrecktem Hals und gesenktem Kopf gehen müssen, geduckt, gedemütigt, ganz unnatürlich. Und dennoch, selbst wenn man von diesem Tier nichts mehr sieht unter seiner Last, man erkennt es am weichen, wellenden Gang.
Wäscherinnen an jedem Wasserloch, an jedem Bach.
Selten einmal auch eine Vogelscheuche — armselig, wie bekümmert, flatternde Galabejafetzen.

Pyramide von Maidum

AUSKLANG

Je näher wir Kairo kommen, desto gieriger greift die Industrie wie ein Polyp verändernd in die Landschaft ein.

Nochmals kehren wir zu Mittag in el-Dar ein, wo wir schon am ersten Tag waren. Die kleinen Boys in der Toilette tun so, als ob sie mich erkennen würden.

John sitzt müde, aber zufrieden hinter seinem Bier. Es gibt scharfe Paprika.

Was hat sich verändert? Wie sehr haben wir uns verändert? Noch sind wir unfähig, es zu definieren. Fünftausend Jahre Menschheits- und Kulturgeschichte erfaßt man nicht, indem man das Land in vier Wochen durcheilt.

Und doch, etwas hat sich bewegt in uns. Man sieht einen riesigen Block und sich als winzigen Käfer darunter, kleiner als eine Ameise. Ganz zaghaft stellt man sich auch die Frage, ob es nicht absurd ist, daß wir unsere Zeit mit Christi Geburt zu zählen beginnen. Was davor war, ist ja kein Zurück, wie es uns die in die Urzeit anwachsenden Zahlen vorspiegeln. So verzerren wir unser Geschichtsbild. Wäre unser Bewußtsein für die menschliche Entwicklung nicht ganz anders, würden wir (zum Beispiel) mit dem Alten Reich, mit den ersten Steinbauten des Imhotep, mit der Erfindung der Schrift zu zählen beginnen und heute nicht das zwanzigste Jahrhundert, sondern das fünfzigste, in naher Zukunft nicht das Jahr Zweitausend, sondern das Jahr Fünftausend schreiben? Wir verlören wohl etwas vom Gefühl unserer Wichtigkeit. Im Sinne der geistigen Entwicklung wäre es jedenfalls richtiger. Aber wir sind nicht logisch. Wir zählen unsere Zeit nicht nach Erkenntnissen, wir zählen nach Glauben, nach Erlösung.

John hält im Bus eine improvisierte Dankesrede an die «German group». Wir waren die beste, die er jemals begleitete, einfach «wonderful». Der Portier in seinem St. George Hotel in Kairo begrüßt ihn: «Welcome home, Mister.»

Wir besuchen auf Wunsch nochmals das Grab von Sadat. Unsere liebe Schweizerin meint: «Das isch de rächti Abschluss, das hätti susch gfält!»

Verabschiedung in unserem Hotel erst von Sahid, dann von Frau Doreya, die nach Beratung von uns kein Trinkgeld erhält. Sie ist traurig, gibt aber allen Damen Küßchen.

Shaofang meint, trotz einiger Mißhelligkeiten sei es eine reiche Reise gewesen. Irgendwie hat sie die sehr verschiedenartigen Menschen sogar gerngewonnen und durch den Zwang des Zusammenseins besser kennengelernt.
Aber die Kehrseite ist, daß die Gruppe auch ein Puffer ist, ein schützender Mantel. Sie schließt ab von dem Land, so sehr — auch gefühlsmäßig —, daß man nur noch einen Bruchteil von ihm erlebt, sieht und erkennt.
Man tauscht Adressen aus. Frau Inge erscheint zur Verabschiedung, da prasseln die Beschwerden über Frau Doreya auf sie herab. Sie meint gelassen: «Das habe ich in der Nase gehabt.» Am nächsten Morgen fliegt die Gruppe nach Frankfurt.
Shaofang und ich werden gegen Mittag von Ibrahim, dem agilen nubischen Manager unseres Reiseveranstalters, zur Maschine nach München gebracht. Mit stillem, geräuschlosem Charme schleust er uns fast liebevoll und reibungslos um alle Klippen der Gepäck-, Zoll- und Devisenkontrolle. Ein Muster an freundlicher, gelassener Zuverlässigkeit.
Wir warten bis zum Abflug unserer Maschine. Auf den Bänken in der Halle flegelt sich eine saudiarabische Familie: ein hochgewachsener, schlanker Vater in der weißen Galabeja mit Was-kostet-die-Welt-Gehabe, ein Bub und eine Mutter im blaugeblümten Schleierkleid, weiblich-rundlich, ein elementares Stück Weib — weibliches Fleisch. Sie verbreiten um sich auf dem Fußboden einen unbeschreiblichen Dreck aus Papier, Essensresten, Krümeln, Schalen.
Ein alter Araber zieht seine nackten Füße auf den Stuhl unter sein Gewand. So sitzt er ungerührt, fast unbeweglich.
Im Vorraum der Herrentoilette — die Treppe hinab in den Keller, gleich links darunter — liegt ein Teppich auf dem Fußboden, darauf sechs arabische Männer in Socken. Sie blicken die Wand an — gegen Mekka — und beten.
Welch ein Sprung über die Zeiten, über die Bräuche, über die Religionen. Vom Dunkel der altägyptischen Weltschöpfungslehre, über den Götterhimmel mit Amun, Aton, Re, Hathor und Horus, über die koptischen Urchristen und den Islam bis — aber es gibt wohl kein «bis», denn es gibt keinen «Fortschritt» im Glauben, es gibt immer nur Glauben mit anderen Inhalten.

Wir fliegen über Kairo, über die Pyramiden von Gizeh — noch einmal, für wie lange nicht mehr, vielleicht für immer. Sie liegen wie auf einer Diagonale im rötlichen Sand. Und nun sieht man: Nicht die Wüste bedroht, erdrückt sie — es ist die Stadt, die sie einschnürt, gierig an sie heranwächst, es ist die Stadt, die sie vernichten wird.
Sie sind ein Teil der Wüste — das Bild kehrt sich um. Sie sind nicht mehr das Fort, nicht mehr ein Schutz der Lebenden vor der Öde des Todes — heute sind sie die erhabenen Vorposten der Ruhe, der ewigen Dauer gegen den Anprall der hektischen Aufgeregtheit alles Vergänglichen.
Ich denke: Was der Mensch ist, in seiner Abhängigkeit von der Natur, im Werden und Vergehen, was er ist in seiner ursprünglichsten Lebensweise, dem Leben auf seiner elementarsten Stufe, und was er sein kann, als ein höchste Kunst erzeugendes Wesen — beides, in einem Land und auf einem einzigen Streifen Erde, den stillen Lauf eines einzigen Flusses entlang, umgeben von Wüsten — man kann es nur hier erleben.
Das alte Ägypten ist vergangen. Es kommt nie wieder, aber es hat den Zeitenraum erfüllt. Es bleibt eine unauslöschliche Realität und ein dauerndes Geheimnis.
Von hoch oben die Küste — die scharfe, geschwungene Linie, wo sich goldenes Land und blaue See sowohl berühren als auch scheiden, der Zusammenstoß zweier Elemente —, immer Ausgangspunkt für Geschichte, immer der Weg zu neuen Welten.
Die griechischen Inseln. Kretas östlicher Zipfel. Ein anderes Reich. Rhodos, Santorin, das Kap Sunion und Athen. Von Ägypten der Sprung in eine neue Kultur. Ein Schritt in ein anderes Licht. Aus der Bilderwelt der Träume und Phantasie zum logischen Denken.
Eines aber hatten sie gemeinsam, diese beiden Hochkulturen der Menschheit: Es gab nicht nur keine Menschenopfer, es gab auch keinen Glaubensfanatismus, keine Verfolgung Andersdenkender, keine Ketzerverbrennungen, keine Hexenprozesse. Wo liegt der Ruhm des christlichen Abendlandes, wo der des Islams oder, wenn wir bereit sind, die Altvorderen ruhen zu lassen, wo ist der Fortschritt unserer Gesittung?
Über den dunklen Bergen Europas liegt Schnee. Wir frösteln.